工会工作实务操作流程丛书

职代会 工代会 操作流程 图示与范例

第2版

本书编写组 ◎ 编

ZHIDAIHUI GONGDAIHUI CAOZUO
LIUCHENG TUSHI YU FANLI

中国工人出版社

修订说明

为适应新形势新任务对工会工作提出的新要求，我们组织力量对"工会工作实务操作流程丛书"进行了全面修订。本次修订坚持以习近平新时代中国特色社会主义思想为指导，认真贯彻习近平总书记关于工人阶级和工会工作的重要论述，按照中央党的群团工作会议精神，围绕保持和增强工会工作和工会组织的政治性、先进性、群众性要求，坚持问题导向、实践导向、需求导向。

本丛书修订的重点和焦点问题有：一是根据党的十九大精神和中国工会十七大精神调整了工会工作的一些表述；二是根据新时代工会工作的内容和工会改革的任务，增补了主要相关内容；三是依据《中国工会章程》《工会基层组织选举工作条例》《基层工会会员代表大会条例》《全国模范职工之家、全国模范职工小家、全国优秀工会工作者评选表彰管理办法》《中华全国总工会关于加强专职集体协商指导员队伍建设的意见》等最新文件精神对内容进行了相应调整。

本丛书由赵振洲、胡昌平组织实施，在丛书修订过程中得到了中华全国总工会相关部门的大力支持，在此谨致诚挚的谢意。

  由于编者水平有限，本书难免存在不足和疏漏之处，敬请广大工会工作者和读者朋友们批评指正。

编　者

2021 年 1 月

目录 CONTENTS

【第一部分】
职代会操作流程图示与范例

职工（代表）大会总流程 …………………………… 003
职工（代表）大会筹备流程 ………………………… 015
职工代表选举流程 …………………………………… 026
职工代表的撤换、补选流程 ………………………… 032
职工（代表）大会主席团产生流程 ………………… 035
职工（代表）大会专门委员会（小组）产生流程 … 038
职工（代表）大会提案征集和处理流程 …………… 042
职工（代表）大会预备会议流程 …………………… 050
职工（代表）大会正式会议流程 …………………… 054
职工（代表）大会审议集体合同草案流程 ………… 060
职工（代表）大会评议企业领导人员流程 ………… 065
职工（代表）大会无记名投票表决流程 …………… 073
职工（代表）大会联席会议流程 …………………… 081
职工代表述职流程 …………………………………… 087

【第二部分】
工代会操作流程图示与范例

工会会员（代表）大会总流程 ················· 093
工会会员（代表）大会筹备阶段流程 ··········· 104
工会会员（代表）大会预备会议阶段流程 ······· 118
工会会员（代表）大会会议阶段流程 ··········· 131
工会会员（代表）大会会后工作流程 ··········· 141
选举会员代表流程 ··························· 151
民主推荐委员候选人流程 ····················· 159
大会选举工作流程 ··························· 167
工会委员会第一次全体会议流程 ··············· 189
经费审查委员会第一次全体会议流程 ··········· 197
（届中）年度会员（代表）大会流程 ··········· 203
工会委员会（届中）会议流程 ················· 209
会员评议"职工之家"工作流程 ················· 214

附 录

中国工会章程 ······························· 223
企业民主管理规定 ··························· 243
工会基层组织选举工作条例 ··················· 256
基层工会会员代表大会条例 ··················· 265

第一部分
职代会操作流程图示与范例

职工(代表)大会总流程

图示

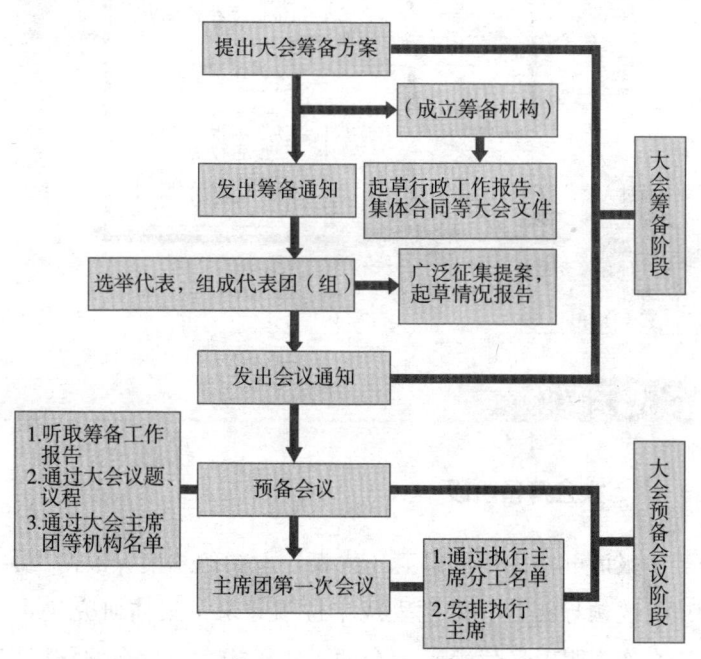

（续）

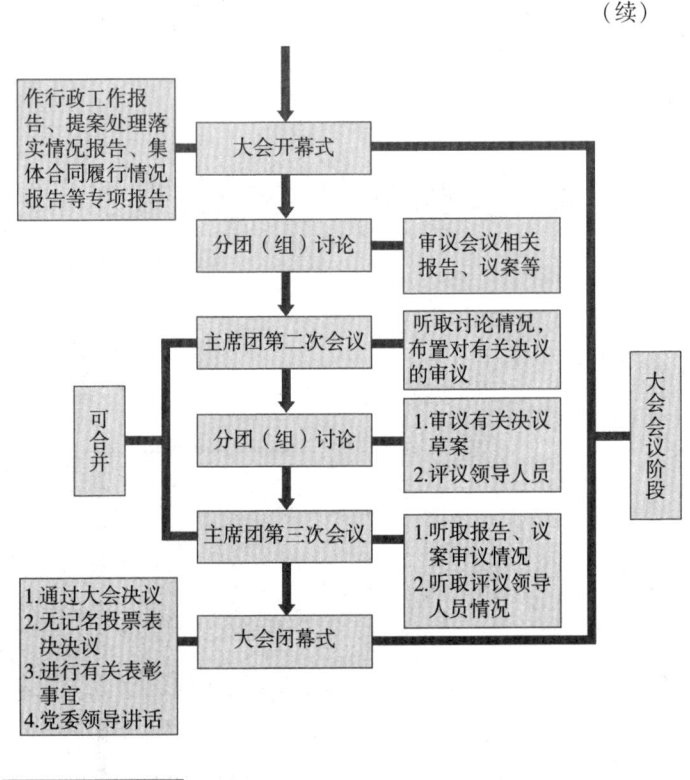

图示解说

1. 大会筹备阶段

报请审批：召开职工（代表）大会的意向一般由工会或党政领导提出，由党委或单位领导班子集体研究决定。工会作为职工（代表）大会的工作机构，一般在领导层有了初步意向后，要及时拿出具体的建议方案。

成立筹备机构：企事业单位首次召开职工代表大会前

应当成立筹备机构,由党组织、行政、工会等方面人员组成。筹备机构主要任务是:起草本单位职工代表大会实施办法(细则),组织选举职工代表,起草职工代表大会筹备工作情况报告,研究确定本次职工代表大会主要议题和议程,听取职工的意见和建议,等等。

组成代表团(组):选举职工代表,广泛征集职工(代表)大会提案。

发出会议通知:行政或工会及时发出会议通知。同时应全面展开各项准备工作,包括行政工作报告等各个主要文件的起草、评议干部的准备、会务安排的规划等。

2. 大会预备会议阶段

代表团(组)长会议:预备会议前一般应召开代表团(组)长会议,通报会议的筹备情况、预备会议及大会的主要议题和日程安排,审议组织机构及人选建议名单。团(组)长会议后,听取各代表团(组)的意见,及时调整相关事项,以使会议有序进行。

预备会议:预备会议上一般要听取筹备工作报告,通过大会议题、议程,通过大会主席团等组织机构及人员名单,确定联席会议议定的事项等。

主席团第一次会议:预备会议选举产生主席团后,主席团要立即召开第一次会议,明确执行主席分工并开展工作。需要注意:主席团不是职工代表大会的常设机构,也不是职工代表大会的决策机构。职工代表大会的职工代表人数较少的,不用设主席团主持会议。

3. 大会会议阶段

开幕式：开幕式是职工（代表）大会的重头戏，是整个会议的核心部分。开幕式上由企事业单位主要负责人做行政工作报告，集体合同履行情况报告等专项报告、提案处理落实情况报告。

分团（组）讨论：讨论、审议会议相关报告、议案等。为了充分发扬民主，尊重职工代表的民主管理权利，要安排一定的时间讨论，以使大家充分发表意见。

主席团第二（三）次会议：听取代表团（组）讨论情况，审议有关决议草案，评议领导人员，及时研究解决会议的重要问题。

闭幕式：通过无记名投票或举手表决的方式，通过大会有关决议；通报评议领导人员结果，进行有关表彰事宜；党组织领导讲话等。

注意事项

1. 细致严密

在设计整个筹备工作中，要尽可能细致周到，把有关工作考虑得更周密一些，特别是衔接部分、结合部分的工作。明确各项工作具体的责任部门、责任人、实施人、完成时间和质量要求。

2. 防止"单打独斗"

工会是职工（代表）大会的工作机构，因此，工会承担职工（代表）大会的筹备和日常工作是理所应当的。但要注意，职工（代表）大会是企事业单位的职工（代表）大会，不是工会的职工（代表）大会。要争取党组织和行政的支持，借助和组织动员各方面的力量开展工作，会取得事半功倍的效果。

3. "拾遗补漏"与"首问负责"

各项工作的程序与计划应尽可能严谨，但实际工作情况千变万化。在职工（代表）大会的筹备过程中，在明确职责的同时，要倡导互助精神，倡导"拾遗补漏"和"首问负责"，把出现的问题解决在萌芽状态，保证整体工作顺利进行。

范例

××公司关于召开×届一次职工（代表）大会的通知

各分公司（子公司、分厂、车间、科室，下同）：

公司×届职工（代表）大会已经届满，按照《企业民主管理规定》《××公司职工（代表）大会（民主管理）实施细则》及有关规定，应改选换届。经研究，××公司×届一次职工（代表）大会拟于××××年××月××日召开。现将有关事项通知如下：

1. 指导思想

以习近平新时代中国特色社会主义思想为指导，深入贯彻党的十九大精神和全心全意依靠工人阶级的指导方针，认真落实《劳动法》《劳动合同法》《工会法》《企业民主管理规定》等法律法规和政策规定，坚持强化以职工（代表）大会为基本形式、以厂务公开为前提和基础的职工民主管理、民主参与和民主监督，落实职工（代表）大会各项职权，维护职工合法权益，调动广大职工的积极性，促进我公司改革、发展和稳定，为实现公司×××年的各项奋斗目标作出新贡献。

2. 大会主要议题

审议公司的《行政工作报告》；审议《××公司×××年财务会计报告》（含业务招待费使用情况）；审议确认《××公司×届×次职工（代表）大会闭会期间联席会议协商处理重要问题的报告》；审议通过《〈××公司××××年集体合同〉履行情况的报告》；审议通过《××公司×届×次职工（代表）大会提案处理落实情况的报告》；审议通过《××公司××××年经济责任制考核办法》；审议通过并签订《××公司××××年集体合同》；审议和决定《××公司××××年职工福利费使用情况及××××年（新年度）职工福利费计划安排的报告》；民主评议公司领导人员、职工代表；选举产生××公司×届职工（代表）大会专门委员会（小组）等有关组织机构。会议主要文件（草案）将提前15天发给职工代表进行预审，提出意见和建议。会议决议采取无记名投票的方式进行表决。

3. 代表选举

（1）代表比例和成分。××公司×届职工（代表）大会的代表，按公司职工总数×%的比例选举产生，代表总数为××人。按照有关规定,代表成分为:一线生产人员代表××人,占代表总数的60%左右;技术和一般管理人员××人,占代表总数的20%左右;中层以上管理人员和领导人员代表××人,不超过代表总数的20%。青年职工、女职工和少数民族代表应占适当比例,名额分配到各分公司(选区)。不是职工代表的公司中层领导列席会议。

(2)代表条件。职工代表应是享有政治权利的现职职工,具备以下条件:认真学习和执行党的方针、政策,严格遵守国家的法律、法规;密切联系群众,有较高的威信,能代表和反映职工群众的意见和要求;模范遵守企业的各项制度,积极做好本职工作;高中及以上文化程度,有一定的实际工作经验和参政议政能力。

(3)代表选举。各分公司(选区)代表的产生由各分公司按照代表条件和分配名额,组织分公司职工代表通过差额、无记名投票的方式民主选举产生,代表分配名额、代表条件、选举结果要向全体职工公开。代表选举工作应在××××年××月××日前完成,上报公司职工(代表)大会筹备小组(或公司工会)进行代表资格审查。

4. 提案征集

公司职工代表选举产生后,各分公司要组织职工代表围绕经营管理、安全生产、创新发展、职工生活福利等属于公司权限内的重大问题,广泛征集职工群众的意见,由职工代表填写提案表,并于××月××日前报公司职工(代表)大会筹备小组(公司工会)。

5. 组织领导

为开好这次职工（代表）大会，公司成立×届一次职工（代表）大会筹备领导小组，具体负责职工（代表）大会的各项准备工作。筹备领导小组由下列人员组成（略）。筹备领导小组下设会务秘书、组织提案、评议领导人员、组织宣传等工作组，分别负责大会各项筹备工作。（名单及主要任务略）

6. 大会要求

此次职工（代表）大会是我公司加强企业民主管理、组织职工参政议政的重要会议。各分公司要按照文件要求，认真做好职工（代表）大会的筹备工作，认真选举职工代表，预审好大会文件，保证职工（代表）大会的顺利召开。为提高职工代表的参政议政能力，公司工会将对新当选的代表进行培训，学习有关法律法规和民主管理知识。各分公司要动员广大职工发扬主人翁精神，搞好安全生产，以实际行动迎接××公司×届一次职工（代表）大会的召开。

附件：1. ××公司×届一次职工（代表）大会职工代表名额分配表

2. ××公司×届一次职工（代表）大会代表登记表

3. ××公司×届一次职工（代表）大会提案表

××公司党委

××公司工会

××××年××月××日

××公司×届一次职工（代表）大会职工代表名额分配表

选区	代表类别代表数	代表分类			其中
		一线生产人员	技术和一般管理人员	中层以上管理及领导人员	青年职工、女职工、少数民族代表
总计					

××公司×届一次职工（代表）大会代表登记表

姓名		性别		出生年月		民族	
参加工作年月		政治面貌		文化程度		联系方式	
单位职务（工种）							
个人主要简历							
何时何选区当选代表							
筹委会审查意见						（工会盖章） 年　月　日	
备注							

注：本表由工会存档。

××公司×届一次职工(代表)大会提案表

类别:1. 公司建设□　2. 民主管理□　3. 职工福利□　4. 其他□
编号:

提案人		填写日期	年　月　日	
附议人		联系方式		
提案内容	案名			
	案由			
	具体整改意见或建议			
提案小组审查意见	立案	退回重提	不予立案	作意见、建议处理	其他意见
	建议由　　　　承办,并于　年　月　日前作出书面答复。				
	负责人签名: 　　　　年　月　日				

续表

分管领导意见	签名： 年　月　日			
承办部门处理意见	负责人签名： 年　月　日 送交阅办时间：　年　月　日			
提案人反馈意见	提案人对以上处理意见是否满意，请在以下空格内打"√"			
	满意	基本满意	一般	不满意
	附具体意见： 提案人签名： 年　月　日			
备注				

说明：一事一案一表，本表只填写一个提案内容，至少两人以上附议。

职工（代表）大会筹备流程

图示

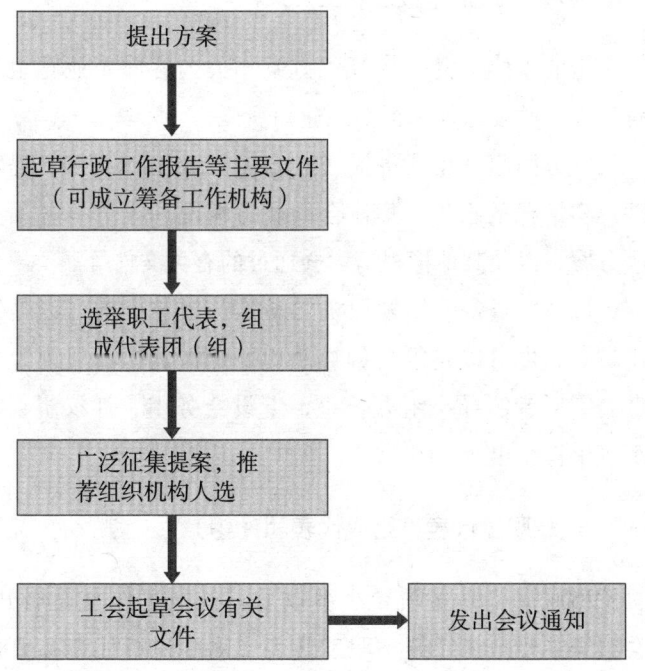

图示解说

1. 提出方案

方案是工作的行动纲领。职工（代表）大会筹备方案应包括会议的指导思想、议题、时间安排与大致日程、职工代表及组织机构的选举（补选）、提案的征集、集体合同的准备等。

2. 起草行政工作报告等主要文件

企事业单位工会应将筹备方案相关内容向企业党组织进行汇报，并发出征集提案的通知。

行政方面起草和准备提交大会的行政工作报告、提案处理落实情况的报告，集体合同履行情况的报告等各项报告、方案，以及其他拟提请大会通过的有关文件等。

可以成立筹备工作领导机构。筹备领导机构可以是筹备委员会，也可以是筹备领导小组。工作机构一般为筹委会办公室或者领导小组办公室，下设会务组、评议组、宣传组等工作小组。

3. 选举职工代表，组成代表团（组）

发出通知与成立领导小组以后，各项工作全面展开。工会组织主要是组织选举职工代表（届中进行代表补选），进行代表资格审查，分选区组成代表团（组），推选代表团（组）长。

4. 广泛征集提案，推荐组织机构人选

选出职工代表的同时，工会及提案审理委员会（换届时由筹备委员会）组织职工代表广泛征集提案，进行分类整理。工会同有关方面协商提出组织机构人选（补选）的预案。

5. 工会起草会议有关文件

工会起草会议决议草案、大会表决办法，做好大会表决事项的有关准备工作。收集整理职工（代表）的意见，了解掌握职工生活福利事项的有关数据，同行政有关部门协商，协助或会同行政起草新的集体合同等。会前，筹备工作进入关键阶段。要积极做好签订集体合同前的平等协商工作，提交职工（代表）大会的主要文件，提前请各代表团（组）组织职工代表预审。

6. 发出会议通知

会议准备工作就绪，应及时向党组织汇报。随后及时下发召开职工（代表）大会的通知。

注意事项

1. 协商沟通

提出方案前，工会组织要多与党政部门沟通，在主要内容、时间安排等重大事项上取得一致意见。方案应尽可

能详细，以便党政领导有针对性地提出意见。

2. 周密严谨

会议开得成功与否，筹备工作至关重要。关于各项工作的考虑应尽可能周密，杜绝粗枝大叶、得过且过的思想与作风。要制定详细的日程安排。会议日程安排是会议的纲要，应该经过主要领导同意，由筹委会和相关部门共同研究制定，并由筹委会通过。

3. 准备充分

各项筹备工作应尽可能细致、严谨、周密，包括会议主持词的准备，表决时表决票的分装与会场座位的对应（根据会场的区域划分每排的座位，事先分片分装好选票，前方座位尽量坐满，以便计算与复核到会人数和发放选票快捷准确），投票表决的备用票的准备，票箱的准备，各项工作的衔接等。

范例

关于筹备召开××公司×届一次
职工（代表）大会的请示

××公司党委：

根据《企业民主管理规定》《××公司职工（代表）大会实施细则》的有关规定，××公司职工（代表）大会届期为五年。我公司×届职工（代表）大会于××××年

××月××日召开，现届期已满，拟于××××年××月××日召开×届一次职工（代表）大会，现将筹备工作的有关事项请示如下：

1. 关于职工代表选举

（1）代表人数。按照关于职工（代表）大会人数比例有关规定，根据我公司实际情况，建议以我公司××××年××月末职工人数×××人为基数，按×%的比例选举产生职工代表，共××人。

（2）代表构成。职工代表中应当由一线生产人员、技术和管理人员、领导人员构成。基层单位职工（代表）大会一线生产人员代表应占绝大多数；公司中层以上管理人员和领导人员代表不得超过代表总数的20%。劳动模范、先进工作者、青年职工代表应占适当比例。

根据这一规定，建议我公司职工代表构成为：一线生产人员代表为××人，占××%；技术和管理人员代表为××人，占××%；中层以上管理人员和领导人员代表为××人，占×%。青年职工、女职工和少数民族代表占适当比例。

（3）代表分配。各分公司（子公司、分厂、车间、科室，下同）代表名额，原则上按照分公司现员比例进行分配，人数较少的分公司保证至少有一名职工代表。

（4）代表条件。依法享有政治权利，有较高的政治觉悟、政策水平和一定的参政议政能力，热心为群众说话办事，有较高威信的现职在岗职工，均可当选为职工代表。根据我公司职工知识结构实际，要求职工代表具有高中

(中专)及以上文化程度。

(5) 代表的产生。代表由各分公司召开职工大会或职工代表大会差额选举产生,采用无记名投票方式进行,候选人人数应多于应选代表的10%,当选的职工代表得票数必须超过本选区应到会职工或职工代表总数的半数以上。

建议代表选举在××月下旬以前完成。按照关于新任职工代表培训率为100%的要求,××月上旬对新任职工代表进行培训。

2. 关于代表团(组)和大会组织机构构成

(1) 代表团(组)。职工代表按分公司分成×个代表团(组),分别为:第一代表团(组):××××分公司,计××人;第二代表团(组):××××分公司,计××人……

各代表团(组)设团(组)长1人,副团(组)长1至2人,代表团(组)长一般由分公司工会主席担任,副团(组)长由各代表团(组)酝酿选举产生。

(2) 专门委员会(小组)。本届职工(代表)大会拟设民主管理、安全生产经营、生活福利、评议监督领导人员、提案审理等专门委员会(小组)。各专门委员会(小组)由5人组成,设主任1人。专门委员会(小组)主任必须为职工代表。专门委员会(小组)候选人名单需提交职工(代表)大会选举通过。

(3) 大会主席团。职工(代表)大会会议由主席团主持。主席团成员由职工(代表)中的一线生产人员、技术和管理人员、领导人员组成。其中，一线生产人员、技术和管理人员应超过半数。职工（代表）大会主席团人数一般不超过代表总数的15%。主席团成员由职工（代表）大会工作机构与各代表团（组）协商，提出候选人名单，经各代表团（组）讨论，经职工（代表）大会表决通过。主席团候选人名单需提经大会选举通过后，主持公司第×届职工（代表）大会的各次会议。

（4）职工董事、职工监事。根据《中华人民共和国公司法》《××公司章程》和中华全国总工会有关规定，公司职工代表大会应选举一名职工董事进入董事会、一名职工监事进入监事会。提名公司工会主席×××为职工董事候选人，提名公司工会副主席×××为职工监事候选人，在公司职工代表大会上选举产生。

3. 会议内容

审议公司的《行政工作报告》；审议《××公司××××年财务会计报告》（含业务招待费使用情况）；审议《××公司××××年职工教育工作计划》；审议《公司职工（代表）大会各专门委员会（小组）及厂务公开工作小组工作报告》；审议确认《××公司×届×次职工（代表）大会闭会期间联席会议协商处理重要问题的报告》；审议通过《××公司×届×次职工（代表）大会提案处理落实情况的报告》；审议通过《〈××公司××××年集体合同〉履行情况的报告》；审议通过《××公司安全奖惩办法》；审议通过并签订《××公司××××年集体合同》；审议决定《××公司××××

年职工福利费使用情况及××××年职工福利费计划安排的报告》；其他需要提交职工（代表）大会审议的事项；民主评议公司领导人员；职工代表质询；选举产生公司第×届职工（代表）大会主席团、专门委员会（小组）等有关组织机构。

4. 其他筹备工作

成立公司职工（代表）大会筹备委员会，拟订筹备方案、职责分工和进度安排。为保证筹备进度和会议质量，建议成立以党政主要领导为主任委员的筹备委员会，设立会务、组织提案、评议工作、宣传等若干筹备组，分工负责筹备工作。各项报告、文件的起草等筹备工作自××月初开始进行。重要议案会前一周组织职工代表预审。提案征集在代表选出后进行，与代表选举同时下发通知。

5. 会议费用

会议预计费用××元。（开支明细略）

以上报告妥否，请批示。

××公司工会委员会

××××年××月××日

××公司×届×次职工（代表）大会
各筹备组职责和人员名单

为做好公司×届×次职工（代表）大会的筹备工作，成立公司×届×次职工（代表）大会筹备领导小组，领导小组下设会务秘书组、组织提案组、民主评议组、宣传组，具体负责组织职工（代表）大会的各项筹备工作。

筹备领导小组成员：

组长：公司党委书记（董事长）、公司总经理

副组长：工会主席、有关部门副总经理

组员：有关部门负责人

任务：全面负责×届×次职工（代表）大会的筹备和会务组织工作

1. 会务秘书组

组长：×××

组员：×××、×××

主要任务：负责会议文件的起草、修改、校对、印刷、取送、汇编工作；负责主席团会议及其他会议的记录工作；收集汇总各代表团（组）的审议讨论情况及意见反映；负责大会文件的分发工作。负责大会日程、会场安排及各代表团（组）的联络；大会的其他服务工作。

2. 组织提案组

组长：×××

组员：×××、×××

主要任务：提出筹备方案；提出大会议题；负责代表的选举（补选）和编组；提出主席团、专门委员会（小组）成员和职工董事、职工监事、劳动争议调解委员会中职工代表候选人建议名单；负责大会正式代表、列席代表、特邀代表和主席团（台）的座次安排；负责代表证件的购置、分发工作；负责提案的征集并按有关规定进行预审和前期处理；核准各次大会参加会议人数；组织集体合同的平等协商；起草各次大会及主席团会议主持词；做好大会决议议案无记名表决的组织工作。

3. 民主评议组

组长：×××

组员：×××、×××

主要任务：提出职工（代表）大会评议领导人员办法及实施方案；按照实施方案的要求做好评议领导人员工作；听取、收集各代表团（组）的评议意见，汇总评议结果，起草评议领导人员情况报告；负责向被评议人转递评议意见，向大会和上级主管机关报告评议结果。

4. 宣传组

组长：×××

组员：×××、×××

主要任务：负责大会的宣传和新闻报道工作；负责会场布置和环境布置；负责大会的摄影、摄像、音响等；负责建立职工代表微信群，会前、会中、会后编发不少于15条信息向职工代表推送并通过公司和公司工会门户网站进行宣传；负责会议期间的文化活动安排。

×× 公司职代会筹备委员会

××××年××月××日

职工代表选举流程

> 图示

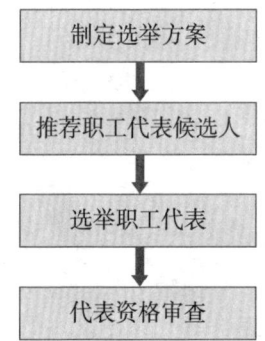

> 图示解说

1. 制定选举方案

选举方案应包括职工代表的名额分配意见、选举产生办法等。其中分配意见中应包括单位（部门、区域）代表数、代表的成分安排（一线职工、管理与技术人员、性别、民族等多种因素）、有关领导参与区域选举的安排等。选举方案是搞好选举的基础和前提。

2. 推荐职工代表候选人

可以采用组织推荐与个人自荐相结合的方式。推荐的名额应该多于应选的名额。推荐的代表候选人既要有代表性，又要有参政议政能力，还要体现职工的意志。

3. 选举职工代表

这是关键环节。要严格按照选举办法，坚持公开、公平、公正的原则，既要体现民主，又要把握原则，坚持"自下而上"和"全员参与"的做法，确保程序公正。

4. 代表资格审查

由职工代表资格审查委员会（小组）对选出的职工代表进行资格审查。主要审查选出的职工代表是否符合条件，选举过程是否严格按照职工代表的选举程序进行，人员构成比例是否符合规定等，发现问题及时加以解决。并将职工代表名单进行公示，接受职工监督。

注意事项

1. 充分尊重职工的选举权利

随着基层民主政治建设的发展以及物质生活水平的提高，职工对精神生活的追求、对基层民主政治参与的愿望和诉求会越来越强烈，对自己的民主权利是否得到应有的尊重会变得越来越敏感。要保证职工参与选举职工代表的权利。

2. 职工代表构成要符合法规政策的规定

职工（代表）大会的代表由工人、技术人员、管理人员、企业领导人员组成。其中，企业中层以上管理人员和领导人员不得超过职工代表总人数的20%。有女职工和劳务派遣职工的企业，职工代表中应当有适当比例的女职工和劳务派遣职工代表。

3. 职工双重或多重身份问题

在实际工作中，有的职工具有双重或多重身份，如有的职工既是行政领导，又有工程师的职称；有的职工同时是一线职工、青年、女职工、少数民族。后者的问题不大，有些统计是互相独立的。应该规定或者约定的情况是，既是企业领导又有技术职称的，应该以领导的身份进行统计。

4. 选区的划分

选区的划分可以以子公司（分公司、分厂、车间、科室、区域）为单位进行，也可以以职工人数为基础，把规模小、人数少的单位（部门）合并在一起进行。

范例

××公司第×届职工代表大会代表选举产生办法

我公司第×届职工（代表）大会已届满，根据《企业民主管理规定》《××公司职工代表大会实施细则》及有关规定，应改选换届。为充分发扬民主，把具有广泛代表性、综合素质高、参政议政能力强、能积极反映职工群众的意见和要求的职工选为职工代表，特制定本办法。

1. 职工代表的条件

公司现职在岗职工，具有两年以上工龄；能认真学习贯彻习近平新时代中国特色社会主义思想和党的十九大精神，具有较高的政治思想觉悟、岗位技术业务水平和一定管理水平；密切联系群众，有参政议政能力，办事公道，能如实反映职工群众的意见和要求，在职工群众中有一定的威信；模范遵守国家的法律、法规和各项规章制度，立足岗位，做好本职工作。

2. 职工代表的产生

各分公司要依据本办法的要求和所分配的代表名额及构成比例，具体安排和组织分公司的职工代表选举工作。

分公司根据班组具体情况，将候选人名额分配到班组（分配到分公司的参选领导作为职工代表）；分公司工会指导班组召开职工大会，由工会小组长主持，进行宣传和发动。在此基础上，根据分公司的具体情况，采用无记名投票方式或举手表决方式推荐本班组职工代表候选人（推荐出席公司职工代表候选人应是分公司职工代表候选人）。印制职工代表候选人选票，召开分公司职工大会，进行无记名投票，差额选举差额率10%。对有轮班、值班职工不能参加分公司职工大会的，可根据具体情况采用分批投票或设流动票箱的方式选举产生公司的职工代表；填写职工代表登记表，报公司工会。

各分公司职工（代表）大会应与公司职工（代表）大会同步换届，分公司职工代表和公司职工代表的选举工作可同步开展。人数少于100人的分公司召开职工大会直接选举产生公司职工代表大会代表。各分公司职工代表大会代表的人数一般为分公司职工人数的15%～35%，不少于30人，每个班组至少应有一名代表候选人。职工代表中要有一定数量的女职工代表和青年职工代表。分公司管理人员的代表由子分公司工会与分公司党政主要负责人协商一致后，分配到班组选举产生。

3. 代表资格审查

代表资格审查内容包括：职工代表条件、人员构成比例；是否按照民主程序选举产生；是否存在不正当的参选行为等，并对职工代表名单进行公示。

附件：××公司职工代表名额分配表（略）

××公司×届职工代表大会代表团（组）职责

1. 组织提案征集和初审。负责本团（组）职工代表大会会前、会中和闭会期间的提案征集工作。组织职工代表围绕改革发展、经营管理、安全生产、技术创新和职工生活福利等方面的重要问题提出提案，初审后上报。

2. 做好职工代表大会期间的各项工作。组织本团（组）职工代表准时参加职工代表大会的各次会议、各项活动，遵守大会纪律；组织本团（组）职工代表讨论审议会议的各项报告、方案和决议草案等，全面、准确、及时地反映职工代表的意见和建议，必要时，经大会主席团同意，可派代表在大会上发表意见；选派代表参与会议的文件起草、会议组织、监票计票、在会上发言等工作；组织好本团（组）的评议企业领导人员，客观、公开、准确、及时地搞好评议；完成大会主席团交办的其他工作。

3. 做好职工代表大会闭会期间的各项工作。向本单位职工传达大会精神，协助行政制定贯彻落实大会决议措施；组织职工代表进行调查研究，参与本单位日常的民主管理和民主监督，反映职工群众的意见和建议；选派本代表团（组）成员参加上级单位的民主管理活动；协助工会搞好职工代表的培训和交流，协助专门委员会（小组）搞好对职工代表大会决议、集体合同履行和提案落实情况的检查监督；组织协调职工代表的述职报告活动，不断提高代表素质。

职工代表的撤换、补选流程

📊 **图示**

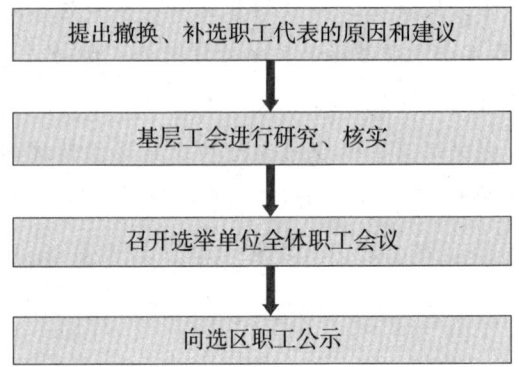

🔍 **图示解说**

1. 选举单位提出建议方案

关于职工代表的撤换和补选，选举单位要按照有关规定、结合实际提出具体的意见和建议。撤换职工代表主要有以下情况：职工代表因违法乱纪被依法剥夺政治权利或被企业解除劳动合同的；无故不参加职代会活动，严重失职的；因停薪留职、长期病假或事假等情况不能参加职代会各项活动的；因其他原因不能履行代表义务，失去选举单位职工信任的；等等。职工代表因调离原选举单位、退休或单位与其终止、解除劳动关系，其代表资格自行终止，缺额应该由原选举单位按照规定及时进行补选。增补一般发生在新建立、新增加的部门，增补必须有充分的理由。

2. 工会进行研究核实

选举单位提出补选建议的方案，工会应认真核实。对补选要求，企业及时进行研究，作出同意补选意见后，由要求补选的单位按民主程序补选。对于撤换职工代表的，工会要高度重视，及时调查核实，注意维护职工的合法权益。

3. 召开选举单位全体职工会议

补选、撤换职工代表应当召开选举单位全体职工会议，会议应有三分之二以上职工参加。被撤换的职工代表可参加会议并可申辩。当选或撤换职工代表的决定，应经全体职工过半数通过方为有效。

4. 备案与公示

按规定民主程序选举后，要及时上报企业工会备案，经职工代表资格审查委员会审查后，通过公开栏、门户网站等方式向选区职工公示。

注意事项

1. 补选要按原结构成分进行

补选要按原结构成分进行，防止挪作他用。有些单位一线职工代表出缺，补选的代表不能是单位的领导或者管理人员，否则一线的职工代表越来越少。也有一线职工代表在届期内岗位、职务发生了变化，成为管理人员，影响了职工代表的结构成分，应及时进行更换，重新补选新的一线职工代表。

2. 高度重视职工代表的撤换

撤换职工代表是一项很严肃的事情，没有十分充足的理由，不要轻易提出撤换职工代表的方案。撤换职工代表应严格按规定、按程序进行，防止出现问题和偏差。

范例

**关于补选××公司第×届职工代表
大会代表的建议**

××公司工会：

公司×届×次职工代表大会以来，由于生产力布局调整和管理体制创新，新成立的物流公司没有职工代表。为认真贯彻党的全心全意依靠工人阶级的指导方针，强化物流公司的民主管理和民主监督工作，依据《公司职工民主管理实施办法》的规定，建议依照此届职工代表大会代表产生的比例和我公司职工数，安排我公司补选职工代表××名。

物流公司分工会
××××年××月××日

职工（代表）大会主席团产生流程

图示

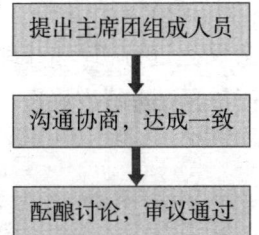

图示解说

1. 提出主席团组成人员

职工（代表）大会规模较大、代表人数较多、会议处理事项较多时，可以设主席团。主席团成员一般由企业工会与职工（代表）大会各团（组）协商提名。职工（代表）大会主席团人数一般不超过代表总数的15%。主席团不是职工（代表）大会的常设机构，设主席团的，应在每次召开职工（代表）大会前，经职工（代表）大会预备会议表决通过组成人员名单。

2. 沟通协商，达成一致

一方面，企业工会应与职工（代表）大会各代表团（组）充分沟通协商，提出主席团候选人建议名单。另一方面，工会应将主席团候选人建议名单向党政领导汇报，充分听取其意见，做进一步调整完善。

3. 酝酿讨论，审议通过

经党政领导同意的主席团候选人建议名单，在筹委会上进一步讨论完善，作为筹委会的正式意见，在预备会议前的代表团（组）会议上进行初步的酝酿讨论，而后提交职工（代表）大会预备会议进行表决通过。

注意事项

1. 重视主席团组成人员比例

主席团负责处理职工（代表）大会会议期间的相关事项，其成员的组成也必须有一定的代表性，特别要注意防止主席团成为企业领导人员组成的机构。

在主席团成员的选举中，要重视对管理人员特别是中层管理人员的认定。《企业民主管理规定》明确规定，主席团成员中，工人、技术人员、管理人员不少于50%，要经预备会议表决通过。

2. 补选应按原成分原岗位进行

职工（代表）大会主席团成员的调整补选，一般情况下应该按照原岗位职务进行，这样就不会导致主席团的构成出现大的变化。也有的单位在职代会闭会期间增加了新的领导成员，若单位领导决定让其进入主席团，则需要在主席团相应增加一线职工、管理与技术人员的比例。

范例

××公司第×届第×次职工代表大会主席团候选人建议名单

《××公司民主管理实施细则》第××条规定，"职工代表大会会议由主席团主持。主席团成员由职工代表中的一线生产人员、技术和管理人员、领导人员组成。其中，一线生产人员、技术和管理人员应超过半数。职工代表大会主席团人数一般不超过代表总数的15%。主席团成员由职工代表大会工作机构与各代表团（组）协商，提出候选人建议名单，经职工代表大会预备会议表决通过"。根据以上规定，结合我公司实际，现提出××公司第×届第×次职工代表大会主席团成员候选人建议名单××人，其中一线生产人员、技术和管理人员××人，领导人员××人，提请各代表团酝酿讨论后，在公司××届第×次职工代表大会预备会议上表决通过。

附件：候选人情况简介表（略）

职工（代表）大会专门委员会（小组）产生流程

图示

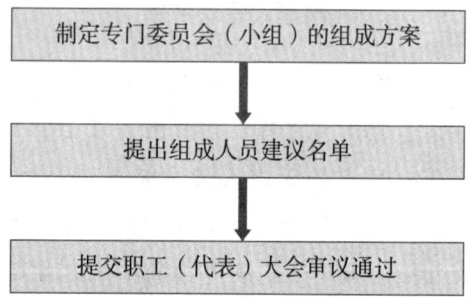

图示解说

1. 制定专门委员会（小组）的组成方案

《企业民主管理规定》第十一条规定："职工代表大会根据需要，可以设立若干专门委员会（小组），负责办理职工代表大会交办的事项。专门委员会（小组）成员人选必须经职工代表大会审议通过。"

2. 提出组成人员建议名单

职工代表团（组）根据上述方案，协商推荐各专门小组人选，职工代表和非职工代表均可自荐。企业工会与企业有关方面协商后，召开工会委员会或职工代表团（组）长会议讨论，提出具体候选人名单，交给各职工代表团（组）征求意见。经职工代表大会主席团审议后（若设有主席），正式提出各专门小组候选人名单。

3. 提交职工（代表）大会审议通过

各专门小组候选人名单提交职工（代表）大会表决通过。之后，各专门小组召开会议，民主推选出负责人。

注意事项

1. 专门委员会（小组）的设置

专门小组是为职工（代表）大会行使各项职权的专门工作机构，对职工代表大会负责。一般由企业工会根据需要，提出各专门小组组成的具体方案。通常职工（代表）大会设立民主管理、安全生产经营、生活福利、评议监督、提案审理、集体协商等专门小组。也可根据本单位情况自行决定专门委员会（小组）的设置。中小型企业可以设置综合性的专门小组。职工代表大会还可以根据某项临时性任务需要设置一些临时性的专门机构，待工作任务完成后，即可撤销。

2. 专门委员会（小组）的组成人员

专门小组成员一般在职工代表中提名产生，一般应由5至9名熟悉业务、有一定的组织活动能力、群众威信较高的职工代表组成，大型企业可适当增加，也可以聘请非职工代表参加。常设专门小组成员的任期，应与职工（代表）大会的届期一致。各专门小组应设组长1名，副组长1至2名。业务部门的负责人不宜担任专门委员会（小组）的领导职务。专门委员会（小组）的负责人，一般由企业工会相应的专门委员会（小组）或部门负责人担任。

【范例】

××公司第×届职工代表大会专门委员会
成员候选人建议名单

根据《××公司民主管理实施细则》和上级有关规定，××公司第×届职工代表大会根据实际工作需要，设立安全生产经营、生活福利、评议监督、提案审理委员会。各委员会成员分别由5人组成，各设组长1人。专门委员会中，除职工代表外，还根据需要聘请有关人员参加。经协商，并征求有关方面意见，现提出4个专门委员会的候选人建议名单如下，提请公司第×届第一次职工代表大会审议通过。（候选人简介见附件）

1. 安全生产经营委员会

主任委员：×××

委员：（××人，以姓氏笔画为序）

×××：单位（部门）、职务、出生年月、学历学位
……

2. 生活福利委员会（同上）
3. 评议监督委员会（同上）
4. 提案审理委员会（同上）

附件：候选人简介（略）

关于替补××公司第×届职工代表大会专门委员会委员的建议

公司×届×次职工代表大会以来，由于工作变动，公司第×届专门委员会成员出现空缺。根据《××公司民主管理实施细则》的有关规定，经与有关专门委员会和部门协商，现建议以下同志替补为公司第×届职工代表大会专门委员会委员，提请公司×届×次职工代表大会审议通过。

1. 安全生产经营委员会

因工作变动，×××同志不再担任安全生产经营委员会主任委员，建议×××同志替补为主任委员。

2. 提案审理委员会

……

附件：替补候选人情况简介（略）

职工（代表）大会提案征集和处理流程

图示

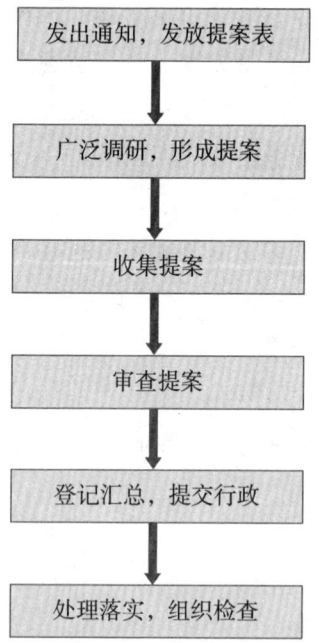

🔍 **图示解说**

1. 发出通知，发放提案表

在发出召开职工（代表）大会通知的同时，工会或提案委员会可发出征集提案的通知，下发提案表，安排部署提案征集工作。提案可以由一人提出，也可以由多人提出，或者以代表团（组）的名义提出。有的单位（部门）为了提高提案的质量，规定了一人提议，两人附议，也是一种好方法。

2. 广泛调研，形成提案

为了保证提案的质量，应要求职工代表围绕职工（代表）大会议题进行必要的调研。没有充分的调查研究，确切的数据、事实和理由，对问题深入的分析和有价值的建议，一个好的提案是很难形成的。在实践中有的单位（部门）提案工作就做得很好，有事实、有依据、有数据、有分析，提案具有针对性、政策性、可行性和严肃性。

3. 收集提案

各代表团（组）负责收集提案征集表，根据立案的原则和有关规定，建议提案人将不规范的提案进一步整理，对不符合要求的提案与提案人商量后酌情处理，并将提案整理后统一送交工会或提案审查委员会。

4. 审查提案

工会或提案委员会对提案进行审查。主要审查提案是否符合法律法规，是否属于企业范围，有没有实施的价值和可能。经审查符合条件即可立案，不够立案条件的应退给提案人并予以说明。

5. 登记汇总，提交行政

工会或提案委员会对已立案的提案进行整理、分类登记，然后分别送交企业领导人或有关部门负责处理、实施。形成职工代表大会议案的，提交职工代表大会讨论。因条件限制一时不能落实的提案，应向提案人说明情况。

6. 处理落实，组织检查

一般情况下，应该由行政领导召开专门会议逐条研究处理措施，确定相关责任部门。工会或者提案委员会组织检查处理落实情况，并向下次职工（代表）大会报告。

注意事项

1. 对提案高度重视

提案是职工代表参与企业管理的一种手段和渠道，提出提案是职工的民主权利。处理提案是行政领导的责任，也是尊重职工代表民主管理权利的具体体现。一些优秀的企业非常重视职工提案和合理化建议工作，并以此作为改进企业管理、集中职工智慧、激发职工潜能、促进企业和谐发展的有效措施。

2. 角色定位要准确

处理提案是企业行政的职责，企业有关部门是提案办理的责任主体。工会或职代会提案委员会要做好对提案的审查立案以及对处理落实情况的监督检查工作。有的工会领导人或者部门负责人担任了提案委员会成员或者提案委员会的主任，自觉不自觉地承担了提案处理的责任，这是不合适的。有的企业是行政副职担任提案审查委员会主任，扮演了审查和处理的双重角色，也是一种尝试。

3. 做好相关协调工作

提醒行政有关方面，不管是提案或者建议，承办部门都应该认真地答复处理。特别是对于职工代表提出的案由不充分、有出入、站的角度不甚正确或暂时解决不了的问题，应该耐心予以解释。

范例

××公司职工代表大会提案征集与处理办法

（第×届第×次职工代表大会通过）

为了认真做好提案的征集、审理、立案与处理工作，根据《企业民主管理规定》和《××公司民主管理实施细则》的有关规定，特制定本办法。

1. 职工（代表）大会（以下简称"职代会"）提案，是广大职工关心企业发展、主动参与企业管理的一种重要形式，是企业职工当家做主、行使民主管理权利的具体体现。

2. 职工代表受全公司职工的委托参与企业的管理，要本着对企业和全体职工高度负责的精神，站在全局的高度，深入调查研究，就如何搞好企业的改革、发展、创新和稳定，认真负责地提出高质量的提案或建议。

3. 公司职代会提案委员会是负责职代会提案工作的机构，具体负责职代会提案的征集、审查、立案及处理情况的检查与监督。

4. 公司所有部门和单位都担负着落实职代会提案的重任，都要按照党中央关于全心全意依靠职工办好企业的要求，尊重职工的民主权利，认真负责地做好属于自己职责权限内的每一件提案、建议的答复、处理、落实工作，虚心接受职代会的检查和监督。提案的处理结果每年由公司行政向职代会报告。

5. 提案的内容。职工代表提出提案，应符合党的路线、方针、政策和国家的法律、法规，要有利于促进企业的改革、发展、创新和稳定。提案的内容主要包括安全生产、经营管理、创新发展、挖潜提效、作风建设、技术进步、劳动管理、劳动分配、生活福利、队伍稳定等方面属于公司权限解决的重大问题。

职工代表要认真学习和掌握企业管理知识与技术业务知识，不断提高自身素质，不断提高自己的管理能力和参政议政水平，认真负责、有的放矢地提出高质量的提案。

6. 提案的格式。提案必须一事一案，简明扼要，写明案由、问题和解决问题的建议。提案至少需一名职工代表提出，也可由若干名职工代表联合或以代表团（组）的名义提出，职工代表在其选区征集的提案，必须在提案表上签名并对所提提案负责。以代表团（组）名义提出的提案，必须由代表团（组）长签名。提案表一式两份填写上报。

7. 立案的原则。一是属于公司权限范围内能够解决的问题；二是经公司业务部门、综合部门共同确认，有现实操作性和可行性的问题。其他问题作为建议处理。

8. 有下列情形之一的，不应作为提案上报：不符合党的方针、政策和国家法律法规规定的问题；分公司可以解决的问题；行政日常工作，应按程序上报审批的问题；重复提出，并已明确答复处理的问题；不符合提案格式要求，案由不真实或不充分的问题。

9. 职代会召开期间提案征集和审查的程序。在发出召开职代会通知的同时（会前至少一个月），给职工代表发提案表；职工代表在广泛调查研究、充分征求职工群众意见和建议的基础上，按照有关要求认真填写提案表；职工代表将提案表交给所在代表团（组），公司工会或提案委员会对代表团（组）报送的提案进行分析归纳，征求有关方面意见，提出处理的建议。公司职代会提案委员会召开全体会议，按立案原则审查立案。对内容重要、涉及面广的重要提案，要送交大会主席团，由主席团决定是否作为议题提请大会审议；对不符合立案原则的意见和建议，转交有关部门或单位答复。

10. 职代会闭会期间提案征集和审查的程序。在职代会期间，下发职代会闭会期间的专用提案表。职工代表在职代会闭会后的日常工作中，可以围绕企业的改革、创新、发展和稳定，及时提出自己的意见和建议；也可以收集职工群众的意见和建议，按照提案内容要求和立案原则，填写专用提案表，报送公司职代会提案委员会。提案委员会召开会议，对收集的提案进行分析研究，按立案原则审查立案或作为建议处理。

11. 提案处理的程序。公司职代会提案委员会研究提出每件提案承办部门或单位的建议，转交行政办公室。行政办公室报经主管领导同意后，提交公司办公会研究，之后转有关部门或单位答复处理。承办部门或单位接到提案后，应认真研究解决方案，提出答复处理意见，反馈给提案人，并分送公司职代会提案委员会和公司办公室。

凡能够解决的提案，应抓紧予以落实；一时解决不了的，要订出计划、创造条件逐步落实；确实解决不了的问题，应认真负责地向提案人解释清楚。

需要两个以上承办部门共同办理的，由提案委员会确定责任部门和协办部门。责任部门应会同协办部门研究办理，及时提出处理意见，共同做好提案答复处理工作。

12. 承办提案的部门或单位，自承办之日起，最迟一个月内将答复处理意见反馈给提案人。

13. 提案人如对提案处理工作有意见，可向提案委员会提出，也可直接向承办部门或单位提出。

14. 公司工会组织部是职代会提案委员会的工作机构，负责提案委员会的日常工作。

15. 公司职代会提案委员会应会同公司办公室每半年组

织职工代表对提案处理落实工作进行一次检查，协调解决提案处理工作中存在的问题。检查的方式一般为：到承办部门或单位听取处理情况的汇报，听取提案人对提案处理工作的意见，调查了解处理落实情况，并就有关问题进行协调。以半年检查情况向职代会联席会议报告。公司办公室负责对处理工作缓慢的提案下发督办通知单，促进提案的处理落实。

16. 承办提案的部门或单位，每半年对提案处理情况进行一次检查，检查结果向公司主管领导报告，并抄知公司办公室和公司职代会提案委员会。落实进度及时与职工代表进行沟通。

17. 提案人可随时向提案承办部门或单位查询提案落实情况，现场查看落实进度或查阅相关资料，并定期（一般每季度一次）向公司职代会提案委员会反馈关于提案落实的意见和建议。

18. 公司行政和公司工会根据检查情况，对提案处理先进单位和优秀提案进行表彰奖励；对处理工作不力的部门或单位，进行通报批评。

职工（代表）大会预备会议流程

图示

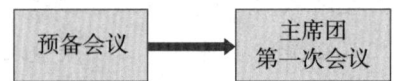

图示解说

1. 参会人员

职工代表大会预备会议由企业工会主持召开，全体职工代表参加，选出大会主席团后，即由大会主席团主持会议。

2. 预备会议主要程序

预备会议的主要程序是：（1）选举大会主席团。（2）由工会主席汇报本届（次）职工代表大会的筹备情况，提出大会会议议题和议程建议。（3）通过代表资格审查委员会（小组）关于代表资格的审查报告。（4）通过职工代表大会的议题和议程。（5）决定大会其他有关事项。有的单位职工（代表）大会召开时间短，有的只有半天，预备会议只通过议题、主席团名单（补选名单）等。

3. 主席团第一次会议

主席团第一次会议一般没有太多的任务，主要是通过执行主席分工名单，安排执行主席。为做好这项工作，应该提出具体的建议方案。主席团第一次会议应该由日程表规定的主持人主持，也可由预备会议的主持人主持。

注意事项

1. 注意会议中的细节问题

目前预备会议有关选举的表决一般采取举手的方式，在表决和通过有关事项时，可以在后排等地方安排工作人员，以便及时向主持人举手示意，以免主持人在察看表决情况时左顾右盼。

2. 正式大会的文件发放

职工（代表）大会的正式文件，特别是会议的议题、日程、主席团名单、秩序册等，只有在预备会议通过以后，才能发给职工代表。可以在预备会后正式会之前休会几分钟，将预备会议通过的文件及时发放。

范例

××公司×届×次职工（代表）大会预备会议日程

时间	会议内容	报告人	主持人	参加人员	地点
	预备会议 1. 听取筹备工作情况报告。 2. 提出大会议题、大会议程；通过代表资格审查报告。 3. 通过主席团成员名单。 4. 通过表决办法、监计票人名单。			全体代表	
	主席团第一次会议 1. 通过主席团执行主席分工名单。 2. 宣布大会主席团任务。 3. 审议职工代表大会各专门委员会（小组）的候选人名单。				

××公司×届×次职工代表大会议题

1. 听取：《行政工作报告》《××公司××××年财务会计报告》《××公司××××年度职工互助合作保险情况的报告》《××公司××××年职工教育培训计划》《××公司职工岗位技术等级实施办法》《××公司构建安全屏

障，推行"三位一体"管理的考核办法》《职工代表大会各专门委员会及厂务公开工作小组的工作报告》。

2. 审议确认：《××公司×届×次职工代表大会闭会期间职工代表团（组）长和专门委员会（小组）负责人联席会议处理重大事项的报告》。

3. 审议通过：《关于××公司×届×次职工（代表）大会提案处理落实情况的报告》《××公司××××年集体合同履行情况的报告》《××公司××××年（新一年的）集体合同（草案）》《××公司安全奖惩办法》《××公司职工竞争上岗实施办法》《××公司工资捆绑分配实施办法》《××公司〈奖励规定〉实施办法》《××公司民主管理实施细则》《××公司×届×次职工代表大会评议公司领导人员办法》。

4. 审议和决定：《××公司××××年职工福利费使用情况及××××年（新一年的）福利费计划安排的报告》。

5. 签订《××公司××××年集体合同》，签订工资专项协议。

6. 民主评议公司领导人员，评议公司出席××（上级）职工代表。

7. 选举产生公司×届职工代表大会、专门委员会成员；选举职工董事、职工监事。（根据实际情况决定）

职工（代表）大会正式会议流程

图示

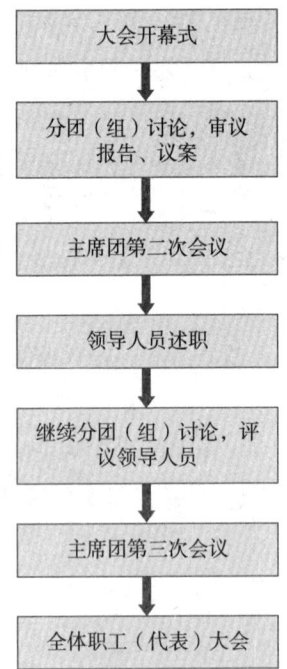

图示解说

1. 大会开幕式

介绍人员出席情况，会议的目标、意义、中心议题和主要任务，宣布会议开始。全体起立，奏《国歌》，企业领导人员作工作报告，行政负责人或有关负责人作专题议案的报告。工会主席及专门委员会（小组）负责人作提案处理情况报告、上次职工代表大会决议落实情况报告、集体合同履行情况报告等专项报告。也有的单位为了节省时间，会前一周左右通过微信等形式将各报告下发至职工代表或者在单位门户网站上公布，收集反馈的意见，会上只作有关问题的修改报告。

2. 分团（组）讨论，审议报告、议案

分团（组）讨论审议工作报告等各项报告、议案。同时，对需经大会选举的候选人进行酝酿。讨论审议行政提交职工（代表）大会审议的重要规章制度（草案）等文件。

3. 主席团第二次会议

主席团第二次会议主要是听取各代表团（组）讨论情况的汇报，布置对有关决议的审议，随后继续分团（组）讨论。

4. 领导人员述职

领导人员就任职期间的思想政治建设、工作任务、工

作作风、廉政建设等方面的情况进行述职。

5. 继续分团（组）讨论，评议领导人员

继续分团（组）讨论，对有关决议草案进行审议，对企业领导人员进行评议和测评。

6. 主席团第三次会议

听取对决议草案审议情况的汇报，听取对有关报告方案审议情况的汇报，听取评议领导人员的情况汇报。有的单位职工（代表）大会时间有限，将主席团第二次会议与第三次的内容合并，不再开主席团第三次会议。专门委员会（小组）的活动可安排在第三次主席团会议之前进行。开展职工代表对被评议的行政领导的质询活动。

7. 全体职工（代表）大会

听取会议主要文件修改情况报告，职工代表发言［可以自由发言，也可以陈述本团（组）讨论审议的意见建议］，听取民主评议情况报告，无记名投票或举手表决通过决议，通过有关规定、办法，签订集体合同与专项协议，进行选举，党委领导讲话等。

注意事项

1. 严格规范民主程序

要严格规范职工代表大会的各项民主程序，保障职工

代表充分行使自己的民主权利。在实际工作中，遇有重大事项，经企业行政、工会或三分之一以上职工代表提议，可以召开职工代表大会的临时会议，临时会议规则与正式会议相同。

2. 切实落实职工（代表）大会的职权

随着工会工作的不断规范和完善，职工（代表）大会的内容越来越多，审议的事项越来越多，程序越来越严格，要防止职工（代表）大会流于形式，切实落实其对重大决策的审议建议权、对涉及职工切身利益的重要事项和重要规章制度的审议通过权等。

3. 注重细节，开好会议

会前周密安排，缜密思考，关注每一个细节。会中头脑清醒，忙而不乱。会中在坚持各小组责任制、认真负责进行工作的同时，强调首问负责。出了问题，发现问题，马上解决，立即处理，将问题消灭在萌芽状态，然后再说责任的问题。会后进行分析，总结经验教训，追究责任，表扬先进，查出需要改进的地方，以便进一步提升会议水平。

范例

××公司×届×次职工代表大会日程表

时间	会议内容	报告人	主持人	参加人员	地点
	大会开幕式 1. 唱《国歌》； 2. 作行政工作报告； 3. 作××××年集体合同履行情况报告； 4. 作××××年职工福利费使用情况及××××年（新一年的）职工福利费计划安排的报告； 5. 作上一次职工代表大会提案处理落实情况的报告； 6. ……			全体职工代表	
	分团（组）讨论 1. 讨论大会各项报告； 2. 讨论各项议案； 3. 民主评议领导人员。		各代表团（组）长	各团（组）代表	
	主席团第二次会议 1. 听取各代表团讨论情况汇报； 2. 听取大会文件修改情况的报告； 3. 听取评议领导人员情况的汇报； 4. 审议提请大会表决的决议草案。			主席团成员	

续表

时间	会议内容	报告人	主持人	参加人员	地点
	分团（组）讨论 讨论各项决议草案。			各团（组）代表	
	主席团第三次会议 1. 听取各代表团讨论情况汇报； 2. 确认各项决议草案。			主席团成员	
	全体职工代表大会 1. 作民主评议领导人员报告； 2. 作关于大会文件修改情况的报告； 3. 职工代表质询； 4. 宣读大会各项决议（草案）； 5. 对大会决议进行无记名投票表决； （计票，大会继续进行） 6. 宣布计票结果； 7. 签订《××××年集体合同》； 8. 党委领导讲话； 9. 大会闭幕。			全体职工代表	

职工（代表）大会审议集体合同草案流程

图示

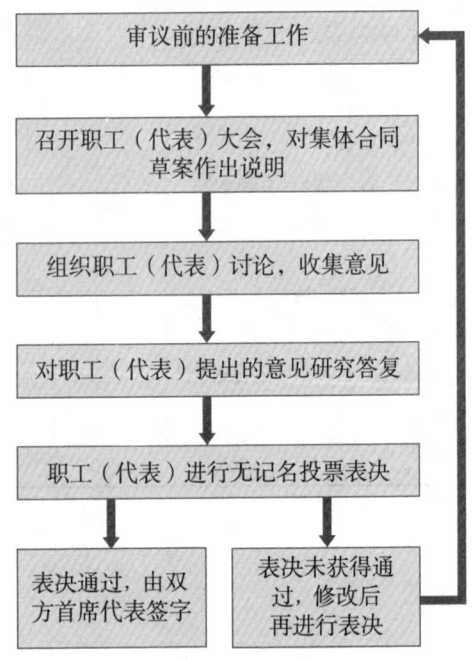

图示解说

1. 审议前的准备工作

工会要在召开职工（代表）大会前一周将集体合同草案发到全体职工（代表）手中，使之提前熟悉和研究集体合同草案的内容，并听取所在单位职工意见，事先准备好修改意见。

2. 向职工（代表）大会报告

召开职工（代表）大会审议集体合同草案必须有三分之二以上的职工代表出席。工会要向职工（代表）说明集体合同草案的产生过程、集体合同草案的内容及其制定的依据、企业与工会进行协商的情况。

3. 组织职工（代表）讨论

请职工（代表）进一步修改和完善集体合同草案。要组织职工（代表）对集体合同草案进行讨论，听取他们的意见。应当保证职工（代表）讨论的时间，使他们能够充分表达意见。要认真收集归纳职工（代表）的意见，尊重他们的民主权利。

4. 对职工（代表）提出的意见研究答复

对职工（代表）提出的意见，要认真研究，职工（代表）意见合理的，应当予以采纳；补充或修改集体合同草案，职工（代表）的意见不合理或目前还不具备条件解决的，应当向职工（代表）作出说明或解释，争取他们的理解。

5. 职工（代表）大会表决

在审议集体合同草案的基础上，职工（代表）大会以无记名投票方式对集体合同草案进行表决。经全体职工（代表）的过半数同意，集体合同草案才能获得通过。如没有通过，则应根据职工代表的意见修改后，再进行表决。

注意事项

1. 职工（代表）大会审议集体合同的必要性

（1）充分体现职工的利益要求。工会代表职工与企业方进行协商，协商内容和结果必须符合绝大多数职工的意愿和要求。

（2）保障职工的民主权利。职代会审议集体合同草案，保证职工充分行使知情权、参与权、审议权和监督权，这既是对职工协商代表的支持，又是对职工协商代表的行为及其结果最终负责。

（3）有利于教育引导职工。集体合同草案审议的过程，也是对职工群众进行宣传、引导和统一思想的过程，是让职工知晓和理解集体合同草案的产生过程与具体内容，可以为签订和履行集体合同奠定坚实的群众基础。

2. 职代会审议中要把握的几个原则

（1）合法原则。审查集体合同内容是否符合国家和地方的法律法规和有关政策规定，不能与之相抵触。同时，还要审查协商过程以及协商形式是否合法。只有遵循合法的原则，才能使集体合同具有法律效力，对企业和职工都有法律约束力。

（2）充分体现职工意愿原则。集体合同应体现大多数职工正当的利益诉求。不能无视职工应当享有的合法权益，以个人或少数人的主观意志代替广大职工的意愿，更不能迫使职工接受企业方提出的单边条件。否则，集体合同就不能成立。

（3）互利共赢原则。职工（代表）大会在审议集体合同时不仅要考虑职工的利益，同时也要兼顾国家、企业和其他方面的利益，正确对待各方面的利益关系，把职工的合理要求和企业的实际承受能力结合起来，既要保证职工权益不受侵害，又要防止职工提出过高要求，使双方在协商中共同受益，实现互利共赢。

范例

关于《××公司××××年集体合同（草案）》的决议

××公司××届×次职工代表大会于××××年××月××日在××召开。参加会议的应到代表××人，实到代表××人，超过全体代表的三分之二，符合法定人数。

全体与会人员认真听取了《××公司××××年集体合同（草案）》以及集体协商过程的说明，认为《××公司××××年集体合同（草案）》符合企业的实际，维护了职工的合法权益和企业的利益。

经大会无记名投票表决，××票同意，××票不同意，××票弃权。同意人数超过应到会人数半数以上，《集体合同》获得通过。

××工会（盖章）

××××年××月××日

职工（代表）大会评议企业领导人员流程

图示

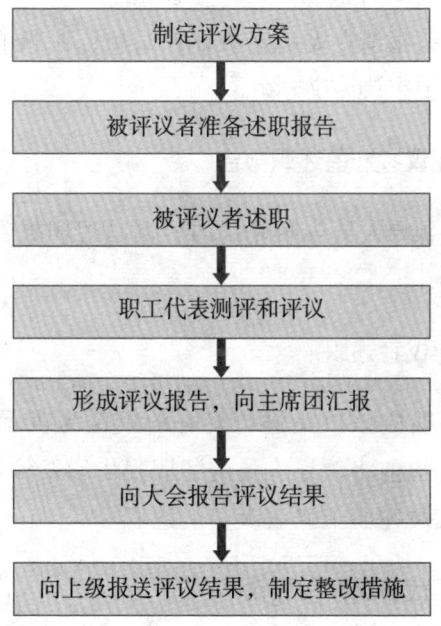

图示解说

1. 制定评议方案

评议方案应该包括该项工作的总体时间安排，企业领导人员述职报告的内容和事项、字数和时间的要求、述职的方式（一般是口头述职），述职报告是否提前由主要领导审阅等。关于述职的内容，除了报告一年中自己履行岗位职责的情况外，应该按照中纪委和上级党组织的要求，报告廉政建设的具体事项等情况。制定评议方案的阶段，还应起草（修订）评议领导人员实施办法。

评议方案报请党委确定被评议对象；在职工代表大会主席团会议上审议评议方案。

2. 被评议者准备述职报告

被评议领导人员按照评议内容撰写述职报告，不讲空话套话。

3. 被评议者述职

述职一般应该口头进行。有的单位为表示对职工代表的尊重，提前将领导人员的述职报告印发给职工代表。企业领导人员在职工代表大会上述职。

4. 职工代表测评和评议

各代表团（组）长组织职工代表依次对被评议者进行

口头评议,并采用无记名画票方式进行测评。随着办公自动化的推广,有些单位测评也越来越科学,对领导人员"德、能、勤、绩、廉"及综合评价采用涂卡的形式,快速方便。

5. 形成评议报告,向主席团汇报

评议监督委员会应及时形成评议情况报告。评议结果出来后,及时向大会主席团汇报评议情况。

6. 向大会报告评议结果

评议监督委员会将评议结果和奖惩建议向大会主席团汇报后,主席团如无疑义,评议监督委员会在职工(代表)大会上向全体职工代表公布评议结果,并报送有关组织人事部门,同时向被评议的领导人员反馈评议结果。

7. 制定整改措施

汇总整理有关资料并妥善保管。被评议者对职工代表评议中提出的意见要认真对待,积极整改,整改情况由有关组织人事部门向下次职工(代表)大会报告。

注意事项

1. 评议对象和内容

职工代表大会民主评议企业领导人员一般是国有独资企业、国有控股企业及其分支机构的领导班子及成员。非

公有制企业也可以根据企业实际情况开展此项工作。

职工代表大会民主评议企业领导人员工作要在企业党委（党组）领导下，由职工代表大会主席团主持进行，主要对被评议人员的"德、能、勤、绩、廉"进行评议。

2. 坚持评议工作独立、客观和民主

企业要成立职工代表大会民主评议专门委员会（小组），制定切实可行的民主评议方案，确保评议的独立性。建立审定报告制度，确保评议的客观性。在培训职工代表时，要教育引导职工代表客观公正地对被评议人进行评价，要安排充分时间组织职工代表进行民主评议，开展职工代表质询，通过无记名投票方式进行测评。

3. 保证评议工作公开、科学

评议企业领导人员是十分严肃认真的事情，评议的结果对被评议者有重要影响。要注重有关统计工作的严肃性、科学性、保密性。建立评议反馈制度，向企业党委、被评议人员反馈评议情况，向职工代表大会报告民主评议结果。

4. 制定好评议办法

搞好评议工作，一个好的评议办法很重要。可以学习借鉴《党政领导干部考核条例》，制订好评议企业领导人员实施办法。

> 范例

××公司×届×次职工代表大会民主评议领导人员办法

1. 根据《××公司民主管理实施细则》和《关于进一步规范职工代表大会民主测评领导人员工作的通知》有关规定，制定本办法。

2. 评议公司领导人员工作在党委领导下，由职工代表大会主席团主持进行，由公司职工代表大会评议监督委员会负责组织实施。

3. 评议公司领导人员的范围是：公司董事长、副董事长，总经理、副总经理（含助理），党委书记、副书记、纪委书记，工会主席。

4. 评议公司领导人员，要从关心、爱护、帮助领导人员出发，坚持一分为二、实事求是、出以公心，对公司领导人员一年来的思想、工作、作风进行认真分析和客观评价。

5. 评议公司领导人员，应坚持党的德才兼备的领导人员标准和关于选拔任用领导人员必备的条件，结合工作分工和岗位职责，主要从"德、能、勤、绩、廉"等方面进行分析评议。评议内容分为"德、能、勤、绩、廉"和"综合评价"两部分，分别按"好、中、差"和"优秀、称职、基本称职、不称职"四个档次进行评价。

6. 评议公司领导人员按以下程序进行：公司领导人

员向职工代表大会作述职报告。各代表团（组）以小组为单位，由组长组织本组正式职工代表以无记名方式对公司领导人员填表评议和测评，测评表装袋密封后上报代表团（组），由代表团（组）指定专人送交评议监督委员会。评议监督委员会对全部评议、测评情况进行归纳统计，并写出评议领导人员的专题报告向大会主席团报告，大会主席团审议通过后再向大会报告。职工代表认为需要个别反映情况时，可以向评议监督委员会作口头或书面反映。

7. 大会闭幕后，评议监督委员会将评议结果以书面形式反馈给被评议的领导人员，由本人针对不足制定措施认真整改，由组织人事部门在下次公司职工代表大会时报告整改情况。同时，评议监督委员会向被评议领导人员主管部门报告民主评议情况和结果。

8. 民主评议结果由公司党委组织部妥善保存。

××公司×届×次职工代表大会民主评议领导人员情况报告

大会主席团：

根据上级关于民主评议领导人员工作的有关要求，在大会主席团的领导下，在各代表团（组）认真组织和与会代表的积极参与下，本次职工代表大会民主评议公司领导人员工作已基本结束。我受评议监督委员会委托，现在向主席团报告民主评议和民主测评情况，请予审议。

1. 评议意见汇总整理情况

本次职工代表大会共向与会职工代表发出《民主评议领导人员测评表》×××张，收回×××张，有效票×××张。经汇总梳理，共收集职工代表的书面评议意见××条。其中：肯定成绩××条，提出建议××条，提出批评意见××条。在评议中，代表们对公司领导一年来的工作给予了充分的肯定。代表们认为，××××年是我公司各项工作取得丰硕成果的一年，公司安全工作……公司经营工作……公司改革创新工作……

代表们认为，在过去的一年里，公司领导班子认真学习贯彻习近平新时代中国特色社会主义思想，坚持勤政务实，创新发展，苦干实干……代表们对公司领导班子一年来的工作表示满意，特别是……代表们从关心我公司改革发展的角度出发，也提出了不少好的建议和希望……

2. 民主测评情况

×××名职工代表对公司××名领导班子成员进行了民主测评。班子成员个人的综合评价得票情况如下：

×××，有效票×××张，其中，"优秀"××票，"称职"××票，没有"基本称职"和"不称职"票。

×××，有效票×××张，其中，"优秀"××票，"称职"××票，"基本称职"××票，没有"不称职"票（或"不称职"××票）。

……

各位代表，会议之后，评议监督委员会还要对代表们提出的意见和建议作进一步的分析、梳理，并向公司领导本人反馈。我们将认真总结、完善和改进评议工作，力争使下一次职工代表大会评议领导人员工作质量和效果有新的提高。

第×届职工代表大会评议监督委员会

××××年××月××日

职工（代表）大会无记名投票表决流程

图示

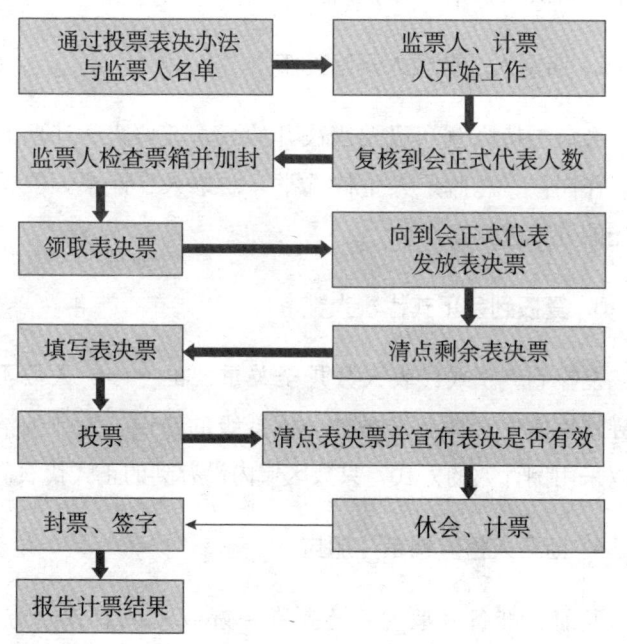

图示解说

1. 通过投票表决办法与监票人名单

投票表决集体合同（草案）、福利基金使用方案等属于职工代表大会审议通过权的事项，首先应通过投票表决办法（若举手表决则无须制定此办法），通过总监票人、监票人候选人名单，宣布计票人名单。在此前还有不少工作要做，如与各代表团（组）协商，分别推荐监票人，提出监票人建议名单，请筹委会和有关领导研究确定建议名单。计票人一般在工作人员中指定。

2. 监票人、计票人开始工作

会议主持人宣布投票表决开始后，监票人、计票人走上工作岗位，总监票人主持选举。监票人、计票人要按照事先的分工进行工作。

3. 复核到会正式代表人数

复核到会正式代表人数是至关重要的一步，人数不准会导致后面发选票及选举被动等低级的错误。人数的清点可以采用倒计数的方式，只数区域内没有到的正式代表。

4. 监票人检查票箱并加封

此前要准备好票箱，还要准备好胶带或者锁、剪子、胶水、铅笔等。检查票箱并加封的过程要当场公开进行，一般由两个监票人将票箱抬起来请大家观看，之后在大家的注视下加封。

5. 领取表决票

总监票人到主持人处领取表决票，监票人、计票人清点表决票。为了使清点表决票的工作准确快捷，应事先根据会场的座位情况，计算出每个区域的座位，按区域封装表决票。

6. 向到会正式代表发放表决票

在发放表决票的过程中，可以请第一个座位的代表往里传递。注意提醒代表在主持人发出填写通知后再填写，以免有的职工代表拿到表决票后就开始填写画票。

7. 清点剩余表决票

在询问与核实每位职工代表都有票后，将剩余的表决票当众示意剪角作废。

8. 填写表决票

表决票发放到职工代表手中后，要及时宣读填写注意事项，提醒职工代表不要画错，尔后开始填写表决票。

9. 投票

职工代表填写表决票后，主持人要及时介绍投票顺序与路线。投票顺序为：总监票人、监票人先行投票，主席台上主席团成员投票，代表投票。职工代表的投票一般由监票人、计票人引导。投票路线一般是采用转大圈的方法，不碰头，一排接连一排，头尾相接。若有两个票箱，则可以双向循环，投票的速度会加快一倍。

10. 清点表决票并宣布表决是否有效

投票结束后，监票人、计票人要抓紧打开票箱清点票数。和发出的票数比对，收回的表决票等于或者少于发出的表决票时表决有效，多于则表决无效。

11. 休会、计票

职工代表休会，可安排休息或者茶歇。计票人计票，监票人监督计票。会前应该准备好计票的各种统计表。计票一般可以采用倒计票的方式，统计反对票、弃权票，采用画"正"字的方式，提高效率。

12. 封票、签字

计票完毕，监票人要对表决票进行清点、装袋、加封，总监票人、全体监票人要在密封的袋子上签字。

13. 报告计票结果

总监票人向会议主持人报告计票结果。主持人向职工（代表）大会报告表决结果。

注意事项

1. 充分认识无记名表决的意义

为了充分发扬民主,使职工代表能够进一步行使民主管理的权利,企事业单位工会应要求职工(代表)大会对重要事项进行无记名投票表决,可设置单人投票间,供职工代表画票。这是企事业单位职工代表大会制度走向规范发展的具体表现,是民主管理发展的必然产物,对促进基层民主政治建设起到了良好的作用。

2. 强调分工负责制

各项工作事先落实到人,包括各个衔接处的工作;包括票箱的准备(票箱的大小、位置的摆放、何时运到位等),由谁带表决票到会场,谁带剪子、胶带之类的小事;包括清点表决票的场地、计票地点的确定等。防止重要的事情人人负责又无人负责的情况,防止在关键时刻出现不该出现的错误。

3. 准备备用选票

要至少备用一套选票,以便特殊情况下使用。备用表决票的颜色应该与原表决票的颜色加以区别。

范例

××公司×届×次职工代表大会投票表决办法

根据《企业民主管理规定》和《××公司民主管理实施细则》，特制定本办法。

1. ××公司×届×次职工代表大会决议，均提交××公司×届×次职工代表大会表决通过后实行。表决工作由大会主席团主持。

2. ××公司×届×次职工代表大会的正式代表均有表决权。

3. ××公司×届×次职工代表大会决议的表决采取无记名投票方式进行。多项决议一次投票，分别计票。

4. 大会设总监票人1名，监票人××名，在大会主席团领导下，负责对大会表决的全过程进行监督。总监票人、监票人由大会筹备委员会推荐，大会表决通过。大会设总计票人1名，计票人××名，由大会筹备委员会指定。

5. 表决时，参加表决的代表必须超过全体正式代表的三分之二，方可进行表决。缺席大会的代表不参加表决，也不能委托其他代表代为填票、投票。收回的表决票等于或少于发出的表决票，表决有效；收回的表决票多于发出的表决票，表决无效，应重新进行表决。

6. 大会表决要充分体现职工代表的意志。表决时，代表有权对职工代表大会的决议表示同意、不同意或弃权。对某项决议同意的，在该项决议右方空格内画"○"，不同意的画"×",弃权的不画任何符号。

7. 填写表决票一律使用钢笔或圆珠笔,符号要准确,字迹要清楚,不要画在两个决议之间,对填写模糊不清的表决票,无法确认的部分,按弃权处理。

8. 投票前,由监票人当众检查票箱,确认为空箱后加封,置于会场显著位置。投票时,总监票人、监票人、主席团成员先行投票,然后,其他代表依次按指定的路线进行投票。

9. 投票结束后,监票人当众打开票箱,由监票人和计票人共同清点票数后,由总监票人向大会宣布表决是否有效。

10. 表决结果,单项决议获得超过应到会正式代表半数以上的同意票,该项决议视为通过。

11. 计票结束,由总监票人向大会执行主席报告表决结果,然后,由大会执行主席向全体代表报告表决结果。

12. 本表决办法经公司×届×次职工代表大会通过后生效,解释权属大会主席团。本办法的未尽事宜,授权大会主席团研究处理。

××公司×届×次职工代表大会监票人建议名单

为认真做好××公司×届×次职工代表大会的无记名表决工作,大会设总监票人、监票人。建议名单如下:

1. 组成方案

大会设总监票人1名,监票人××名。

2. 产生办法

大会总监票人、监票人由大会筹备委员会推荐，预备会议通过。总计票人、计票人由大会筹备委员会指定。

3. 建议名单

总监票人：×××

监票人：×××、×××、×××

职工代表大会总监票人、监票人和计票人的职责

1. 总监票人的职责：负责组织和监督表决的全过程；负责对监票人进行职责分工并协调他们之间的工作；负责审查参加表决的人数、发出表决票数和收回表决票数，对有争议的表决票作出鉴定或裁决；审查表决结果并签字，向大会报告计票情况。

2. 监票人的职责：投票前检查票箱，监督发放表决票；投票时监督投票；投票结束后，当众打开票箱，监督计票人清点表决票，核实收回表决票是否与发出的票数相符，并将核实情况如实报告总监票人；在会议主持人宣布表决有效后，监督计票人计票；计票结束后，审核计票结果并签字。

3. 计票人的职责：在监票人的监督下分发、清点和统计表决票；在计票结果报告单上签字。

职工（代表）大会联席会议流程

图示

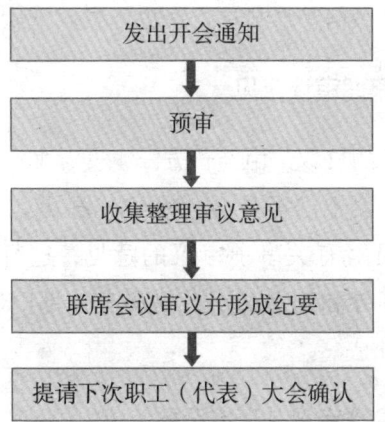

图示解说

1. 发出开会通知

职工（代表）大会闭会期间，企业临时发生了需要职工（代表）大会审议的重要问题，或日常需要职代会审议或审查的重要问题，党政工领导研究沟通后，发出召开职工（代表）大会代表团（组）长和专门委员会（小组）负责人联席会议（以下简称"职代会联席会议"）的通知。涉及企业改革改制、破产、重组、撤销等重大事宜，不在职代会联席会议审议之列，必须提交职代会处理。

2. 预审

提请职代会联席会议协商处理的事项，一般应该提前一周发送给参会人员审议，以便与会人员进行思考，进行必要的调研，广泛征求和听取职工群众的意见。发送的方式，可以通过微信等形式进行，也可发放纸质文件。

3. 收集整理审议意见

联席会议的议题，由经营方、工会、职工代表团（组）或职工代表大会专门委员会（小组）提出。工会应该及时收集会议成员对有关事项审议的意见，进行必要的整理，反馈给有关领导和相关部门，以便有关部门修订完善，也供领导掌握情况。

4. 联席会议审议并形成纪要

联席会议由企业工会召集，由企业工会主席主持。每次会议必须有三分之二以上的人员出席。召开职代会联席会议时，由提出议案的部门之负责人介绍议案制定的依据、主要内容、目的和要求，然后进行认真讨论，各抒己见，在协商一致的基础上形成决议。

5. 提请下次职工（代表）大会确认

联席会议审议的事项需要提请下次职工（代表）大会确认。若职工（代表）大会闭会期间召开了多次职代会联席会议，应该将几次会议的纪要进行归纳，形成综合的《关于×届×次职工（代表）大会闭会期间联席会议协商处理重要问题的报告》，提请下次职工（代表）大会审议确认。

注意事项

1. 职代会联席会议决议的效力

职代会联席会议可以就议定的事项形成纪要，作出决议。需要注意的是职代会联席会议只是在职工（代表）大会闭会期间就涉及职工（代表）大会职权的重大事项进行协商处理，所议定的事项还要向下一次职工（代表）大会报告请职工（代表）大会予以确认。既然是要由职工（代表）大会确认，就存在职工（代表）大会不认可的可能，职工（代表）大会是可以推翻职代会联席会议的决议的。

2. 防止用职代会联席会议代替职工代表大会

因为联席会议人数少、中层管理人员和领导人员多、有些代表碍于情面不愿意发表意见，职代会联席会议审议事项比职工（代表）大会审议好通过，就将应提交职工（代表）大会审议的事项提交联席会议审议，回避职工（代表）大会或者故意绕开职工（代表）大会。有的单位在实践中，规定涉及职工（代表）大会职权的主要问题，如关于工资调整、奖金分配等职工收入的问题，关于涉及职工利益的重要规章制度，必须经职工（代表）大会审议而不能提交职代会联席会议。

3. 发展和完善职代会联席会议方式

《企业民主管理规定》第十二条规定代表团（组）长、专门小组负责人为职代会联席会议成员，但没有规定副团（组）长等参加与否。针对职代会联席会议在运行中存在的一些问题，有的单位进行了积极的探索和创新。如职代会联席会议请代表团正副团（组）长、专门委员会（小组）正副主任（组长）参加，请部分一线职工代表参加等。还有的单位制定了职代会联席会议议事规则，防止职代会联席会议超越权限行事。

范例

××公司×届×次职代会第一次联席会议议程

一、公司人力资源部介绍《公司提高职工工龄工资标准方案》，并就有关情况作说明；

二、各代表团团长、专委会主任、职工代表讨论审议；

三、公司领导讲话；

四、通过《会议纪要》。

××公司×届×次职代会第一次联席会议纪要

（××××年××月××日）

××公司×届×次职代会第一次联席会议于××××年××月××日在××召开。公司领导××、××出席会议并作重要讲话。职代会×位代表团团长、×位专委会主任、×位职工代表参加会议，公司人力资源部负责人列席会议。会议由公司工会主席主持。

会议听取了公司人力资源部有关增加职工工资情况的介绍，讨论审议了增加职工工资方案。会议认为，××××年，面对严峻复杂的经济形势，全公司各级组织和广大职工围绕中心、服务大局，认真贯彻上级的决策和部署，加快改革创新、强化生产经营、搞好安全生产、坚持以人为本、促进和谐建企，为建设更高水平的现代化公司作出了积极的贡献。

为鼓励全公司职工作出的贡献，进一步发挥工资分配对广大职工积极投身建设和发展的促进作用，激发广大职工的劳动热情和创造精神，公司将自××××年××月起再次增加职工工资。会议经过认真讨论审议，一致通过了《关于增加职工工资的通知》方案。

会议认为，本次增加职工工资，是公司连续三年较大幅度地增加职工工资，充分体现了公司对广大职工最关心、最直接、最现实利益问题的高度重视，体现了"发展为了职工，发展依靠职工，发展成果由职工共享"的治企理念，是更好地推动公司科学发展、和谐发展、可持续发展的具体实践。

　　会议要求，全公司各单位要高度重视这次增资工作，积极宣传为职工增加工资的重要意义，进一步激发广大干部职工的生产积极性，确保各项工作任务目标的圆满完成。要进一步提高思想认识，加强组织领导，落实工作责任，保证工作质量，让广大干部职工尽快享受到改革发展的成果。要充分发挥各级组织的作用，做好思想政治工作，确保职工队伍稳定，促进公司各项工作又好又快发展。

职工代表述职流程

图示

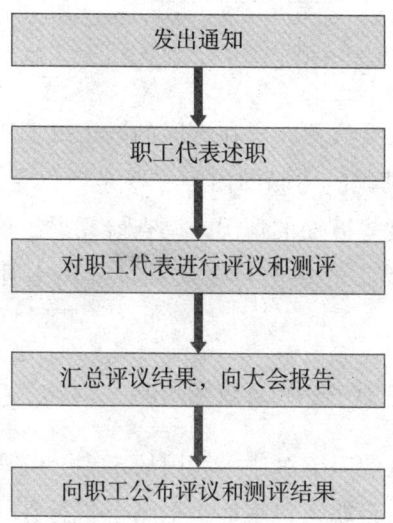

图示解说

1. 发出通知

一般在职工（代表）大会前发出职工代表述职的通知，通知应包括述职的内容、时间、地点、参加人员等。基层单位的职工代表一般在其选区即子公司（分公司、分厂、车间、科室）职工（代表）大会上述职。在通知中可进一步讲解职工代表述职的意义和要求，进行广泛动员。工会发出通知后，职工代表开始准备自己的述职报告。

2. 职工代表述职

职工代表要认真向所在选区的职工或职工代表报告其履行职责的情况。述职的内容主要是审议企业重大决策、重要规章制度等方面的情况，调查研究提出提案与建议的情况，反映职工的意见与建议及日常民主管理活动的情况等。

3. 对职工代表进行评议和测评

所在选区的职工对述职和因故未到会的职工代表参与民主管理、履行职工代表职责的情况进行评议和测评。测评分为称职、基本称职、不称职三个档次，采用无记名投票方式进行。

4. 向大会报告评议结果并向职工宣布

对评议的情况进行汇总和分析，形成书面材料向大会主席团报告，向全体职工公布评议和测评结果。涉及干部管理权限的，按照组织部门规定执行。

注意事项

1. 充分认识职工代表述职的意义

职工代表述职已经在一些企业开展起来。职工代表向职工述职，接受评议和监督，对于职工代表自身素质和企业民主管理水平的提高，对于完善基层民主和促进基层政治文明建设起到的作用都是显著的。

2. 明确优秀职工代表的评选条件

可以根据职工代表述职情况，评选优秀职工代表。优秀职工代表应具备"政治思想好、履行职责好、联系职工好、完成任务好"四个条件。参加评选的职工代表，必须是本届区域、行业、产业、企事业单位职工（代表）大会代表。优秀职工代表由基层工会严格按照评选条件进行推荐，在本单位内公示5天无异议后上报上级工会。推荐出的优秀职工代表候选人要认真填写《优秀职工代表推荐表》，并报上级工会审定。

范例

优秀职工代表推荐表

姓　名		性别		年龄		2寸照片
政治面貌		职称		职务		
工作单位、部门						
何时担任职工代表			联系方式			
主要事迹						
基层单位意见				盖章： 年　月　日		
推荐单位工会意见				盖章： 年　月　日		
县（市、区）总工会或工委意见				盖章： 年　月　日		
市总工会意见				盖章： 年　月　日		

第二部分

工代会操作流程图示与范例

工会会员（代表）大会总流程

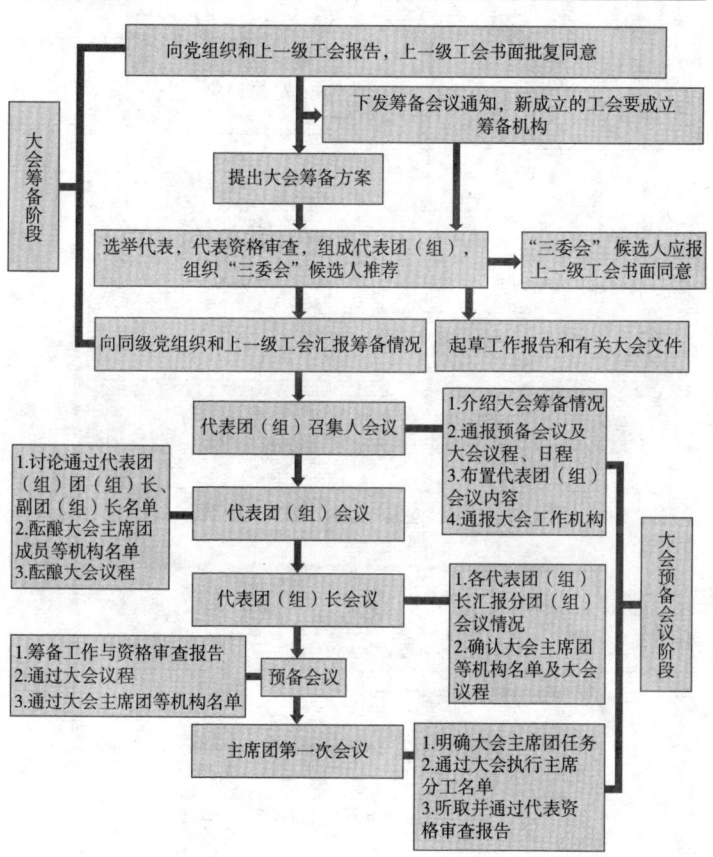

(续)

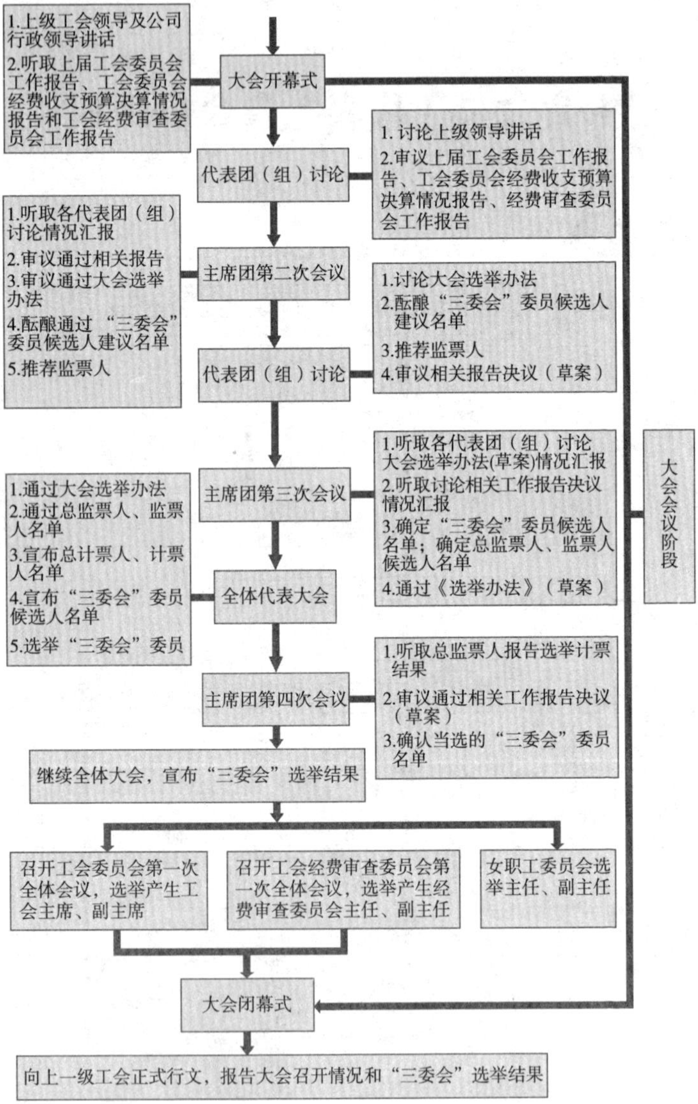

```
                    ┌─────────────┐
                    │ 大会开幕式   │
                    └──────┬──────┘
1. 上级工会领导及公司          │
   行政领导讲话               │
2. 听取上届工会委员会          │
   工作报告、工会委员会        │
   经费收支预算决算情况        │
   报告和工会经费审查委        │
   员会工作报告                │
                              ▼
                    ┌─────────────┐     1. 讨论上级领导讲话
                    │ 代表团(组)讨论│     2. 审议上届工会委员会工作报
                    └──────┬──────┘        告、工会委员会经费收支预算
                              │               决算情况报告、经费审查委员
1. 听取各代表团(组)            │               会工作报告
   讨论情况汇报                │
2. 审议通过相关报告            ▼
3. 审议通过大会选举    ┌─────────────┐
   办法                │ 主席团第二次会议│
4. 酝酿通过"三委会"    └──────┬──────┘     1. 讨论大会选举办法
   委员候选人建议名单          │            2. 酝酿"三委会"委员候选人
5. 推荐监票人                  ▼               建议名单
                    ┌─────────────┐     3. 推荐监票人
                    │ 代表团(组)讨论│     4. 审议相关报告决议(草案)
                    └──────┬──────┘
                              │
1. 通过大会选举办法            ▼            1. 听取各代表团(组)讨论
2. 通过总监票人、监票   ┌─────────────┐        大会选举办法(草案)情况汇报
   人名单              │ 主席团第三次会议│     2. 听取讨论相关工作报告决议
3. 宣布总计票人、计票   └──────┬──────┘        情况汇报                   大
   人名单                       │              3. 确定"三委会"委员候选人    会
4. 宣布"三委会"委员            ▼                 名单;确定总监票人、监票人 会
   候选人名单           ┌─────────────┐           候选人名单              议
5. 选举"三委会"委员    │ 全体代表大会  │        4. 通过《选举办法》(草案)  阶
                    └──────┬──────┘                                     段
                              │
                              ▼            1. 听取总监票人报告选举计票
                    ┌─────────────┐           结果
                    │ 主席团第四次会议│     2. 审议通过相关工作报告决议
                    └──────┬──────┘           (草案)
                              │            3. 确认当选的"三委会"委员
                              ▼               名单
                    ┌─────────────────────┐
                    │继续全体大会,宣布"三委会"选举结果│
                    └──────┬──────────┬─────────┘
                    ┌──────▼─┐  ┌────▼─────┐  ┌──────────┐
                    │召开工会 │  │召开工会经费│  │女职工委员会│
                    │委员会第 │  │审查委员会第│  │选举主任、 │
                    │一次全体 │  │一次全体会议│  │副主任     │
                    │会议,选举│  │,选举产生经│  │           │
                    │产生工会 │  │费审查委员会│  │           │
                    │主席、副 │  │主任、副主任│  │           │
                    │主席    │  │          │  │           │
                    └────┬───┘  └─────┬────┘  └──────┬────┘
                              ┌───────▼────┐
                              │ 大会闭幕式  │
                              └──────┬─────┘
                                     ▼
                    ┌──────────────────────────────┐
                    │向上一级工会正式行文,报告大会召开情况和"三委会"选举结果│
                    └──────────────────────────────┘
```

图示解说

1. 大会筹备阶段

提出筹备工作方案，向党组织主要领导汇报，向上一级工会请示；成立筹备工作机构，成立大会筹备办公室，按照工作任务分工，设立会务秘书组、组织组、宣传组，按照进度安排，定期召开筹备会，协调大会各项筹备工作；起草工作报告和有关大会文件；发出筹备会议通知，选举代表和推荐"三委会"候选人工作，做好筹备工作；向同级党组织和上一级工会报告筹备情况，书面报告"三委会"候选人情况；获得批准后，全面完成筹备工作，发出召开大会的通知。

2. 大会预备会议阶段

会前主要是选举代表，进行代表资格审查，组成代表团（组），组织推荐"三委会"委员候选人。会议日程确定后，预备会议前首先要做好代表报到工作，召开代表团（组）召集人会议，简要介绍大会筹备工作情况，通报预备会议及大会议程、日程，通报大会工作机构；召开各代表团（组）会议，讨论通过本代表团（组）团（组）长、副团（组）长名单，酝酿大会主席团成员等机构名单，酝酿大会议程；召开代表团（组）长会议，汇报分团（组）会议情况及讨论情况，确认大会主席团等机构名单及大会议程；召开预备会议，听取大会筹备工作与资格审查报告，通过大会议程和大会主席团等机构名单；召开主席团第一次会议，明确大会主席团任务，通过大会执行主席分工名单。

3. 大会会议阶段

召开全体代表大会，举行开幕式，有关领导讲话，相关组织致贺词，听取工会委员会和经费审查委员会的工作报告；听取工会委员会的经费收支预算决算情况报告，代表团（组）讨论领导讲话及相关工作报告；召开主席团第二次会议，听取各代表团（组）讨论情况汇报，审议提出各项报告决议（草案）和有关选举办法以及"三委会"委员候选人建议名单，推荐监票人；代表团（组）讨论，完成主席团第二次会议布置的任务；召开主席团第三次会议，听取各代表团（组）酝酿讨论情况汇报，确定有关选举办法和"三委会"委员候选人建议名单，确定监票人建议名单；召开全体代表大会，举行选举；继续召开全体代表大会，宣布"三委会"选举结果；分别召开"三委会"第一次会议，完成选举任务；召开全体代表大会，举行闭幕式。

4. 大会会后阶段

向上一级工会正式行文，报告大会召开情况和"三委会"选举结果；归档会议文件资料；办理工会法人资格登记或变更手续，开设银行独立账户。

注意事项

1. 工会会员（代表）大会的届期、届次

《中国工会章程》第二十二条规定，"省、自治区、直辖市，设区的市和自治州、县（旗）、自治县、不设区的市的工会代表大会，由同级总工会委员会召集，每五年举行一次。在特殊情况下，由同级总工会委员会提议，经上一级工会批准，可以提前或者延期举行。"《基层工会会员代表大会条例》第五条规定："会员代表大会实行届期制，每届任期三年或五年，具体任期由会员代表大会决定。会员代表大会任期届满，应按期换届。遇有特殊情况，经上一级工会批准，可以提前或延期换届，延期时间一般不超过半年。""会员代表大会每年至少召开一次，经基层工会委员会、三分之一以上的会员或三分之一以上的会员代表提议，可以临时召开会员代表大会。"基层工会的工会会员（代表）大会，每年至少召开一次，届期内的会议按次计算，如××公司工会第×届会员代表大会第×次全体会议，可简称为"××公司工会×届×次代表大会"。经基层工会委员会、三分之一以上的会员或会员代表提议，可以临时召开工会会员（代表）大会。工会会员人数不足100人的基层工会应召开会员大会。

2. 基层工会会员（代表）大会代表的组成要求

会员代表的组成应以一线职工为主，体现广泛性和代

表性。中层正职以上管理人员和领导人员一般不得超过会员代表总数的 20%。女职工、青年职工、劳动模范（先进工作者）等会员代表应占一定比例。

基层工会会员（代表）大会的代表实行常任制，任期与会员代表大会届期一致。会员代表可以连选连任。

3. 认真细致地做好会议筹备工作

要以认真负责的态度，细致周密地做好大会的各项筹备工作。每届基层工会会员（代表）大会第一次会议召开前，可召开预备会议，听取会议筹备情况的报告，审议通过关于会员代表资格审查情况的报告，讨论通过选举办法，选举大会主席团和秘书长，通过本次大会的议程和有关事项，预备会议由上届工会委员会（常委会）主持。每届代表大会的第一次会议可由上届工会委员会或由大会主席团或筹备组主持，以后各次会议由本届基层工会委员会召集。会议筹备机构一般设会务秘书组、组织组、宣传组。

【范例】

××公司工会会员代表大会制度

根据《基层工会会员代表大会条例》的规定，制定本公司工会会员代表大会制度。

第一章 总 则

第一条 基层工会的会员代表大会，是本单位工会的最高领导机构。

第二条 会员代表大会由工会委员会筹备，一般每年至少召开一次。根据工作需要，可以提前或临时召开会员代表大会。召开换届改选的会员大会，选举方案需经同级党组织讨论同意，并经上一级工会批复。

第二章 会员代表大会的组成和职权

第三条 工会会员代表大会的组成，应有广泛的代表性。中层正职以上管理人员和领导人员一般不得超过会员代表总数的20%。女职工、青年职工、劳动模范（先进工作者）等会员代表应占一定比例。

第四条 会员代表名额，按会员人数确定：会员100至200人的，设代表30至40人；会员201至1000人的，设代表40至60人。

会员不足100人的基层工会，应召开会员大会。

第五条 会员代表大会的职权是：

（一）审议和批准工会委员会的工作报告；

（二）审议和批准工会委员会的经费收支预算决算情况报告和经费审查委员会的工作报告；

（三）开展会员评家，评议公司工会开展工作、建设职工之家情况，评议基层工会主席、副主席履行职责情况；

（四）选举和补选工会委员会和经费审查委员会组成人员；

（五）选举和补选出席上一级工会代表大会的代表；

（六）罢免其所选举的代表、工会委员会组成人员；

（七）讨论决定公司工会其他重大事项。

第三章　会员代表

第六条　会员代表应具备以下条件：

（一）工会会员，遵守工会章程，按期缴纳会费；

（二）拥护党的领导，有较强的政治觉悟；

（三）在生产、工作中起骨干作用，有议事能力；

（四）热爱工会工作，密切联系职工群众，热心为职工群众说话办事；

（五）在职工群众中有一定的威信，受到职工群众信赖。

第七条　会员代表应由会员民主选举产生，不得指定会员代表。会员代表的候选人，由其所在单位（分厂、车间、科室，下同）工会组织，按照基层工会确定的代表候选人名额和代表条件，组织会员讨论提出名单，报基层工会平衡后，由代表所在单位的工会负责人主持，经全体会员进行差额选举产生。

劳务派遣工会员民主权利的行使，如用人单位工会与用工单位工会有约定的，依照约定执行；如没有约定或约定不明确的，在劳务派遣工会员会籍所在工会行使。

第八条　会员代表的职责是：

（一）带头执行党的路线、方针、政策，自觉遵守国家法律法规和本单位的规章制度，努力完成生产、工作任务；

（二）在广泛听取会员意见和建议的基础上，向会员代表大会提出提案；

（三）参加会员代表大会，听取工会委员会和经费审查委员会的工作报告，讨论和审议代表大会的各项议题，提出审议意见和建议；

（四）对工会委员会及代表大会各专门委员会（小组）的工作进行评议，提出批评、建议；对工会主席、副主席进行民主评议和民主测评，提出奖惩和任免建议；

（五）保持与选举单位会员群众的密切联系，热心为会员说话办事，积极为做好工会各项工作献计献策；

（六）积极宣传贯彻会员代表大会的决议精神，对工会委员会落实会员代表大会决议情况进行监督检查，团结和带动会员群众完成会员代表大会提出的各项任务。

第九条　会员代表大会的代表实行常任制，任期与会员代表大会的届期相同，即为3年。会员代表可以连选连任。

第十条　工会会员代表大会代表，一律采取无记名投票方式差额选举产生，差额率不低于15%。

第十一条　每次选举所投的票数多于投票人数，选举结果无效；等于或少于投票人数，选举结果为有效。每张选票所选的人数多于规定应选代表人数，为废票；等于或少于规定应选代表人数，为有效票。

第十二条　工会会员代表大会代表候选人，获得选举单位全体会员过半数选票时，方能当选；获得过半数选票的代表候选人名额超过应选代表名额时，以得票多的当选。如遇候选人得票数相等不能确定当选人时，可以就票数相等的候选人重新投票确定；获得过半数选票的代表候选人名额少于应选代表名额时，不足的名额，可另行选举。

第十三条 选举出席上一级工会代表大会代表时，其代表候选人不限于本级工会代表或会员。

第十四条 工会代表大会代表选出后，应将代表名单提交基层工会委员会进行资格审查。

对补选的工会代表大会代表，依照前款规定进行代表资格审查。

第十五条 会员代表以其所属工会组织为单位分别组成代表团（组），推选正副团（组）长各1名。代表团（组）长根据代表大会的议程和公司工会委员会的安排，负责组织代表的日常活动。

第十六条 会员代表有选举权、被选举权和表决权；有权对公司工会委员会及各专门委员会的工作、对基层工会领导人提出批评建议，任何组织和个人不得打击报复。

第四章 会员代表大会的职权和召开

第十七条 召开会员代表大会，应做好各项会前准备：进行调查研究，确定大会议题；将议题提前5个工作日告知代表，请代表广泛征集群众的意见；草拟大会文件，准备有关材料等。

第十八条 大会由工会委员会主持召开，在召开换届改选大会时，由上届工会委员会主持。大会应按照预定的议程进行，鼓励和支持代表充分发表意见，如有必要，工会委员会可就某个问题的不同意见向代表大会介绍，供会员代表充分讨论。对需要作出决定的议题，应按照少数服从多数的原则进行表决。

第十九条 会员代表大会期间,会员代表可以联名提出属于会员代表大会职权范围的议题,由工会委员会(或主席团)决定是否提交会员代表大会审议;向代表大会提出的议案,在交付大会表决前,提议人要求撤回的,对该议案的审议即行终止。

第二十条 会员代表大会同职工代表大会衔接召开的,应分阶段进行,职工代表大会与会员代表大会不得相互代替。

第五章 会员代表大会决议的形成和贯彻

第二十一条 决议范围——凡提交会员代表大会讨论决定的重大问题,一般都应作出决议。传达单位党组织、上级工会指示精神,以及安排工会日常工作和活动,一般不需要作出决定。

第二十二条 决议草案的准备——提交会员代表大会讨论的问题,要先经过工会委员会讨论,由工会委员会提出初步意见和方案,交会员代表大会讨论和提出修改意见,最后由会员代表大会正式作出决定。

第二十三条 决议的表决通过——会员代表大会通过决议时,必须有三分之二以上的会员代表出席,须经应到代表半数以上通过方为有效。工会委员会对某个问题的决议或决定,会员代表大会有权修改或否定。

工会会员（代表）大会
筹备阶段流程

图示

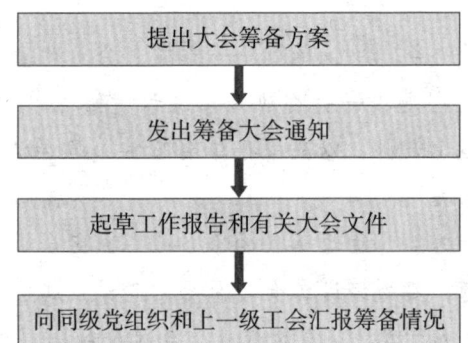

图示解说

1. 提出大会筹备方案

工会要及时提出大会筹备工作方案，向党组织主要领导汇报，向上一级工会书面请示。筹备方案的主要内容包括：大会的指导思想；主要议题；代表的比例和人数，选举办法和相关安排；工会委员会（常委会，下同）和经费审查委员会及女职工委员会的设置及任期；筹备工作组织领导机构。向上一级工会请示的主要内容有：大会的指导思想；重要议题；代表人数和构成比例及产生办法；工会委员会、经费审查委员会及女职工委员会的设置及任期等。

2. 发出筹备大会通知

筹备会议通知的主要内容应该有：大会的指导思想；主要议题；代表人数、名额分配和构成比例及产生办法；工会委员会和经费审查委员会及女职工委员会的设置，民主推荐委员候选人安排；具体事项等。按照筹备会议通知要求，指导所属各选区做好代表选举和民主推荐委员候选人工作。成立大会筹备办公室，按照工作任务分工，设立会务秘书组、组织组、宣传组。按照进度安排，定期召开筹备会，协调大会各项筹备工作。通过微信、图板、宣传栏、工会门户网站、座谈会等方式，总结上届工会工作成绩，宣传工会工作发展前景，做好召开工会会员（代表）大会的宣传发动工作，为召开工会会员（代表）大会营造良好的舆论氛围。按照有关规定，组织选举代表，推荐工会委员会和经费审查委员会及女职工委员会委员候选人。

3. 起草工作报告和有关大会文件

认真开展调查研究，集思广益，起草好工会委员会工作报告、经费收支预算决算报告及经费审查委员会工作报告。严格按照民主程序和制度要求,起草好选举办法(草案),准备好选举工作的各项文件表格。

4. 向同级党组织和上一级工会汇报筹备情况

向同级党组织和上级工会汇报的主要内容包括:会议的整体筹备情况;代表选举情况;工会委员会和工会经费审查委员会及女职工委员会委员候选人推荐情况及委员候选人简介;会议日程安排;其他需要报告的问题。

筹备工作就绪,征得单位党组织同意和上一级工会的书面批复,发出召开工会会员(代表)大会的通知。通知内容包括:会议时间、地点,参会人员范围,报到时间、地点,联系人及其他注意事项。

注意事项

1. 筹备工作时间节点的把握

提出工会会员(代表)大会筹备方案,经同级党组织同意和上一级工会批复(每届会员代表大会第一次会议召开前,必须经上一级工会批复)后,立即下发筹备召开大会的通知,进行会员代表选举,推荐工会委员会和工会经费审查委员会及女职工委员会委员候选人,同时布置安排好大会宣传工作,为大会的召开营造氛围。代表的选举、工会委员会和工会经费审查委员会及女职工委员会委员候选人推荐可同步进行,以提高工作效率。同时,应着手起草大会有关文件,提出主席团成员、正副秘书长、代表团（组）分组及团（组）长建议名单等。在召开大会前一个月左右应向同级党组织和上一级工会汇报大会筹备工作情况，听取意见，以便及时对有关工作进行调整完善。在召开大会前一周左右，确定开会时间、地点及有关会务工作，发出召开大会通知，以便参会人员安排参会事宜。

2. 明确会议文件的发放

工会会员（代表）大会应按民主程序确定会议文件发放顺序及发放对象。按照权限，未经上届工会委员会（常委会）或大会主席团研究通过的文件不得发放给全体代表。比如，大会主席团执行主席分工建议名单须经大会主席团第一次会议通过后方可发给全体代表。

3. 做好会务、宣传等工作

为提高会议质量，应注重各项工作细节的把握和控制，做好会场环境布置、座次安排、会议接待准备，音像、照明调试，宣传标语、图板制作及布展，票箱及有关选举用品的准备等。

为高效率高质量开好大会，可建立工作人员微信群、代表团（组）长群和代表群，及时通知、通报有关事项及做好文件预审工作。

范例

关于召开××公司工会第×届第一次代表大会的请示

××公司（上一级）工会：

××公司工会第×届委员会和经费审查委员会，是由××××年××月召开的××公司工会第××次代表大会选举产生的，根据《中国工会章程》《工会基层组织选举工作条例》《基层工会会员代表大会条例》等规定，到×××年××月任期届满。经××公司工会研究，报经××公司党委同意，拟于××××年××月下旬召开××公司工会第×届第一次代表大会。现将有关事宜请示如下：

1. 大会的指导思想和主要任务

……

2. 大会的议程

审议和批准××公司工会第×届委员会的工作报告；审议和批准××公司工会第×届委员会经费收支预算决算情况报告和经费审查委员会的工作报告；选举××公司工会第×届委员会、经费审查委员会、女职工委员会。

3. 代表名额、构成及产生办法

（1）代表的名额及构成。××公司工会现有会员×××名，根据规定，结合自身实际，本次代表大会拟选正式代表××名。会员代表的组成以一线职工为主，体现广泛性和代表性。中层以上管理人员和领导人员不超过20%，女职工、青年职工、劳模先进会员代表占一定比重。代表名额原则上按照各车间工会的会员人数和有关比例要求分配,适当照顾会员人数较少的单位。

(2) 代表的产生办法。各车间工会根据分配的名额及构成比例,通过民主程序提出代表候选人推荐名单(按照差额率不低于15%的比例提名推荐),以各车间工(分)会为选举单位,召开工会会员大会或会员代表会议,采取无记名投票方式差额选举产生。

4. 第×届工会委员会和经费审查委员会及女职工委员会的组成、选举及任期

(1) 根据有关规定,结合自身实际,××公司工会第×届委员会拟设委员××名,根据工会委员会委员实行差额选举,差额率不低于5%的规定,按照民主程序提出候选人××名。××公司工会第×届经费审查委员会拟设委员××名,实行等额选举,按照民主程序提出候选人××名。××公司工会第×届女职工委员会拟设委员××名,实行等额选举。

(2) ××公司工会第×届委员会常务委员会拟设常务委员××人。××公司工会第×届委员会拟设主席1人,副主席×人。××公司工会第×届经费审查委员会拟设主任1人,副主任×人。××公司工会常务委员会委员实行差额选举,差额率不低于10%,主席、副主席和经费审查委员会主任、副主任实行等额选举。

(3) ××公司工会第×届委员会和经费审查委员会及女职工委员会任期为五年。

5. 大会筹备工作机构

为认真做好这次代表大会的筹备工作,拟成立大会筹

委会及工作机构,筹委会成员由××公司工会领导和各部门负责人担任。筹委会下设会务秘书组、组织组、宣传组,具体负责大会的各项筹备工作。

以上请示当否,请批示。

××公司工会委员会

××××年××月××日

关于筹备召开××公司工会第×届一次代表大会的通知

各分公司工会:

根据《工会基层组织选举工作条例》的规定,经××公司工会研究,并报经××公司(上级)工会和××公司(同级)党委同意,拟于××××年××月召开××公司工会第×届一次代表大会。为做好大会筹备工作,现将有关事宜通知如下:

1. 大会的指导思想和主要任务

……

2. 大会的主要议程

审议和批准××公司工会第×届委员会的工作报告;审议和批准××公司工会第×届委员会经费收支预算决算情况报告和经费审查委员会的工作报告;选举××公司工会第×届委员会和经费审查委员会及女职工委员会。

3. 代表名额、构成、条件和产生办法

(1) 代表的名额及构成。××公司工会第×届一次代表大会拟选正式代表××名。代表的构成为：一线职工、工会专职干部和工会积极分子占80%以上，中层以上管理人员和领导人员不超过20%。女职工、青年职工、劳模先进占一定的比例。代表名额原则上按照各车间工会的会员人数和有关比例要求分配，适当照顾会员人数较少的单位。

（2）代表条件。

①工会会员，遵守工会章程，按期缴纳会费；

②拥护党的领导，有较强的政治觉悟；

③在生产、工作中起骨干作用，有议事能力；

④热爱工会工作，密切联系职工群众，热心为职工群众说话办事；

⑤在职工群众中有一定的威信，受到职工群众信赖。

（3）代表的产生办法。各车间工会根据分配的名额及构成比例，在组织会员群众或会员代表酝酿讨论的基础上，提出代表候选人推荐名单（按照多于应选名额15%的比例提名推荐），以各车间工会为选举单位，召开工会会员（代表）大会或会员代表会议，采取无记名投票方式差额选举产生；××公司工会领导和部门负责人作为代表候选人推荐人选分配到有关选举单位，与该选举单位的代表候选人一同按照民主程序选举产生。特邀代表由××公司工会研究确定。代表的选举工作，须于××××年××月××日前完成。各选举单位工会须于××月××日前将代表登记表（A4纸正反打印、盖章，一式一份）及电子稿报××公司工会。

4.××公司工会第×届委员会和经费审查委员会及女

职工委员会的组成、委员条件和产生办法

（1）工会委员会和经费审查委员会及女职工委员会的组成。根据上级有关规定，结合自身实际，××公司工会第×届委员会拟设委员××名，根据工会委员会委员实行差额选举、差额率不低于5%的规定，按照民主程序提出委员候选人××名。××公司工会第×届经费审查委员会拟设委员××名，实行等额选举，按照民主程序提出委员候选人××名。

（2）工会委员会和经费审查委员会委员的条件。工会委员会委员的条件是：信念坚定、为民服务、勤政务实、敢于担当、清正廉洁，热爱工会工作，受到职工信赖。

工会经费审查委员会委员的条件原则上比照工会委员会委员的条件，还要具有财务专业知识，能坚持原则，求实公正。

（3）工会委员会和经费审查委员会及女职工委员会的产生办法。按照德才兼备、结构合理和有利于工作的原则，××公司工会第×届委员会委员及女职工委员会候选人预备人选采取"两下两上、上下结合、反复酝酿、民主推荐"的方式产生。各单位工会要充分发扬民主，在广泛征求会员群众意见的基础上，提出推荐名单，于××月××日前报××公司工会。××公司工会将集中多数单位工会的推荐意见，提出委员会委员候选人初步人选名单，反馈给各单位工会征求意见。各单位工会召开工会委员会对初步人选充分酝酿讨论后，提出推荐名单，于××月××日前报××公司工会。××公司工会再次集中多数单位工会意见，提出工会委员会委员候选人预备人选名单。××公司工会第×届经费审查委员会委员候选人由××公司工会与有关单位协商提名推荐。××公司工会第×届委员会和经费审查委员会及女职工委员会候选人预备人选名单报经××公司（上级）工会和××公司（同级）党委同意，提交××公司工会第×次代表大会，采取无记名投票选举。

5. 大会筹备工作的组织领导。为认真做好这次代表大会的筹备工作，成立大会筹委会和工作机构，大会筹委会主任由××担任，副主任由××担任，筹委会成员由工会委员担任。筹委会下设会务秘书组、组织组、宣传组，具体负责大会的各项筹备工作。

召开××公司工会第×届一次代表大会是会员群众政治生活中的一件大事，各级工会组织和广大会员群众，要深入学习习近平新时代中国特色社会主义思想和党的十九大精神，广泛宣传上次工代会以来各级工会组织取得的工作成绩，充分发挥广大会员群众在改革发展稳定中的重要作用，在各自的岗位上做出新的成绩，迎接××公司工会第×届一次代表大会的召开。

附件：1. 代表名额分配表（略）；
   2. 代表登记表（略）。

××××年××月××日

××公司工会第×届一次代表大会筹备机构及工作分工

为做好××公司工会第×届一次代表大会筹备工作,在公司工会委员会的领导下,成立公司工会第×届一次代表大会筹备机构,下设会务秘书组、组织组、宣传组。现将工作分工及进度要求明确如下:

一、筹备组织机构

1. 筹备委员会

主任:×××;副主任:×××;委员:工会各部室负责人(有关部门负责人和部分下属单位工会主席)

2. 筹委会下设办公室

主任:×××

筹委会办公室下设会务秘书组、组织组、宣传组等。

二、工作任务分工及进度要求

1. 秘书组

组长:×××;副组长:×××;成员:×××、×××、×××。

工作任务及进度要求:

(1) 负责起草、修改、校对领导的讲话和第×届一次代表大会的各个工作报告;起草关于"两委会"工作报告的决议。

(2) 负责汇总各组提出的会议经费预算,并报领导审批;负责大会文件的印刷、分发、取送及汇编工作;负责大会主席团、主席台座次安排。

(3) 负责大会文具用品的购置分装;负责代表团

（组）记录本的发放、回收；负责会议期间收集汇总各代表团（组）对"两委会"工作报告的审议讨论情况及意见反映。

（4）负责会议期间各级领导的接送和参加会议的安排；负责特邀代表提名、特邀代表请柬的发送及参会的接送；完成领导交办的其他任务。

2. 组织组

组长：×××；副组长：×××；成员：×××、×××、×××。

工作任务及进度要求：

（1）起草给上一级工会和同级党委召开大会的请示；起草下发筹备召开大会的通知；起草大会议程；起草大会日程；起草大会选举办法、工会委员会和经审会第一次会议的选举办法；起草大会筹备工作报告和关于召开工代会的决议。

（2）做好选举代表组织工作，汇总代表选举情况；负责"三委会"候选人协商提名、"三委会"组成原则的说明，并征求意见。

（3）起草代表资格审查报告；筹备召开××工会上一届委员会最后一次全委会；提出大会主席团组成方案、产生办法和任务；提出大会主席团候选人建议名单和大会秘书长候选人建议名单；提出各日程执行主席建议名单和大会常务主席建议名单；提出大会总监票人、监票人候选人组成方案、产生办法及候选人建议名单；提出总计票人、计票人建议名单；提出"三委会"第一次会议总监票人、监票人候选人建议名单;提出各代表团(组)团(组)长建议名单。

(4)准备代表团(组)召集人会议、预备会议、主席团会议、全体大会、"三委会"第一次会议等各次会议主持词。

(5)编制代表大会手册;编制"三委会"委员、常委、主席、副主席、主任、副主任候选人名单及其简介;制作代表证、卡座;印制"三委会"选票、主席、副主席、常委、主任、副主任选票并分装。

(6)组织选举。组织代表入场、负责人数清点;负责票箱准备。

(7)安排、培训大会工作人员和各组联络员;完成领导交办的其他任务。

3. 宣传组

组长:×××;副组长:×××;成员:×××、×××、×××。

工作任务及进度要求:

(1)提出宣传报道方案;草拟大会宣传口号并协调有关部门搞好会议宣传;制作宣传画、标语牌、横幅及宣传橱窗等;制作主会场会标,负责主会场及其周围的环境氛围宣传布置。

(2)建立代表、主席团成员、工作人员微信群,及时通知有关事项,充分利用微信、QQ等新媒体搞好宣传;制作大会花絮、基层工会工作展板。

(3)负责会议摄像、摄影(包括全体代表合影、"三委会"合影)。负责安排会议代表及工作人员就餐。

(4) 负责代表住宿、代表团讨论地点及各组工作人员办公房间的安排;负责会场、代表讨论地点茶水供应;负责会议报到,安排代表接送车辆及返程车票。

(5) 负责大会的医疗、防疫、信访和保卫工作;完成领导交办的其他任务。

工会会员（代表）大会
预备会议阶段流程

🖼️ 图示

🔍 图示解说

1. **召开代表团（组）召集人会议**

会议一般由上届工会主席或工会筹备组负责人主持。会议主要内容包括：简要介绍大会筹备工作情况；通报预备会议日程和大会议程（草案）、日程；部署代表团（组）会议内容和要求；通报大会工作机构；通知各代表团（组）做好代表报到工作。

2. **召开代表团（组）会议**

会议一般由代表团（组）长人选主持。会议主要内容包括：讨论通过本代表团（组）长、副团（组）长名单；酝酿大会主席团成员和大会秘书长、副秘书长建议名单；酝酿大会议程（草案）；酝酿代表资格审查报告。

3. 召开代表团（组）长会议

会议一般由上届工会主席或工会筹备组负责人主持。会议主要内容包括：各代表团（组）长汇报分团（组）会议情况及讨论情况；确认大会主席团成员和大会秘书长、副秘书长建议名单，大会议程（草案）及对代表资格审查委员报告的意见，提交预备会议通过。

4. 召开预备会议

会议一般由上届工会主席或工会筹备组负责人主持。会议主要内容包括：听取大会筹备工作报告；听取并通过代表资格审查报告；讨论通过选举办法（草案）；通过大会主席团成员名单；通过大会秘书长、副秘书长名单；通过大会议程，宣布大会日程；宣布大会注意事项。

5. 召开主席团第一次会议

主席团第一次会议的主要内容包括：审议、通过代表大会主席团常务主席名单；审议、通过大会执行主席的安排。

注意事项

1. 代表团（组）长建议人选的提名

由工会委员会与有关单位协商提出代表团（组）长建议名单，经工会委员会确认后，分别经过各代表团（组）会议酝酿讨论后通过。

2. 大会主席团成员、秘书长、副秘书长的提名

大会主席团由各代表团（组）酝酿提出候选人名单，提交预备会议通过。大会主席团成员必须是正式代表，名额一般不超过代表总数的15%。主席团成员一般应由工会机关和下属各级工会负责人、党政领导人员和先进模范人物等方面的代表组成。基层工会会员（代表）大会代表较少的，可以不设秘书长、副秘书长。

3. 代表资格审查

代表资格审查由基层工会委员会负责。代表资格审查工作一般由筹备机构中的组织组承担完成。代表资格审查的内容包括：代表本人是否符合规定的条件；代表产生办法和程序是否符合民主选举规定；代表名额和比例是否符合要求。基层单位会员代表大会的代表资格审查报告一般是由工会筹备组或上届工会委员会在预备会议上向全体代表报告。

4. 届中补选委员的程序

补选是指基层工会委员会和经费审查委员会任期未满，其组成人员出现空缺，或者召开工会会员（代表）大会第一次全体会议选举时，基层工会委员会组成人员未能够满额产生，为保证工作正常开展，可以在届中进行补充选举。在进行届中补选前，首先向同级党组织和上一级工会提出补选请示，得到同意后，进行补选。

范例

××公司工会第×届一次代表大会议程（草案）

1. 审议和批准××公司工会第×届委员会工作报告；

2. 审议和批准××公司工会第×届委员会经费收支预算决算情况报告和经费审查委员会工作报告；

3. 选举××公司工会第×届委员会和经费审查委员会及女职工委员会。

××公司工会第×届一次代表大会筹备工作报告

（××××年××月××日）

各位代表、同志们：

××公司工会第×届一次代表大会在××公司党委和上级工会的亲切关怀下，在各级工会组织的共同努力下，就要开幕了。现在我受××公司工会和大会筹委会的委托，向各位代表报告大会的筹备工作情况。

××公司工会第×届一次代表大会是在×××年××月召开的，根据《中国工会章程》及有关规定，××公司工会第×届委员会×××年××月任期届满。今年××月，××公司工会委员会对召开××公司工会第×届一次代表大会进行了专题研究，并分别向××公司党委和上一级工会呈报了《关于召开××公司工会第×届一次代表大会的请示》，××公司党委和上一级工会批复同意后，××公司工会于×××年××月××日发出了《关于筹备召开××公司工会第×届一次代表大会的通知》（以下简称《通知》）。为了做好大会的筹备工作，××公司工会成立了大会筹备委员会，下设会务秘书组、组织组、宣传组、生活保卫组，制订了筹备工作计划，明确了工作职责。各工作组认真落实"隆重热烈、规范高效、顺畅精彩"的领导要求，按照任务分工，进行了紧张有序的筹备工作。××公司工会先后×次召开委员会会议，对大会代表的选举办法、"两委会"工作报告、"三委会"委员组成方案和会议的有关文件等进行了认真的研究，并于××月××日召开了××公司工会第×届委员会第×次全体会议，作出了关于召开××公司工会第×次代表大会的决议。在此期间，各单位工会按照《通知》要求，认真组织代表选举和"三委会"委员候选人的民主推荐工作。经过各级工会组织和各方面的共同努力，大会的各项筹备工作已经全部到位。

1. 关于代表的选举产生。报经××公司党委和上一级工会同意，××公司工会第×届一次代表大会代表名额为

××名。各级工会组织按照《通知》中规定的代表名额、条件和产生办法，贯彻民主集中制原则，经过自下而上充分酝酿，推选出代表候选人预备人选。由各单位召开会员（代表）大会或会员代表会议，采取差额选举的办法，以无记名投票方式选举产生了出席××公司工会第×届一次代表大会的正式代表××名。代表中有工会专职干部、党政领导、管理和技术人员、工会积极分子、先进模范人物和女职工等。代表的产生和构成符合规定程序和比例要求，充分体现了广泛性和代表性。

2. 关于"三委会"委员候选人的推荐。根据有关规定，××公司工会结合实际提出了"三委会"名额及构成方案，经××公司党委和上一级工会同意，××公司工会第×届委员会拟由××人组成，按照差额率不低于5%的要求，提出委员候选人××名，差额×名；经费审查委员会拟由×人组成，提出委员候选人×名，实行等额选举。女职工委员会拟由×人组成，提出候选人×名，实行等额选举。××公司工会根据各单位工会的推荐意见，提出了"三委会"委员候选人初步人选，提交××公司工会第×届委员会全体会议审议通过。其间，××公司工会将"三委会"委员候选人初步人选报××公司党委同意后，上报上一级工会审核批准。此名单将提交本次大会主席团讨论通过后，作为建议名单提请大会全体代表进一步酝酿。

3. 关于工会委员会工作报告、经费收支预算决算情况报告和经费审查委员会工作报告的起草情况。为了起草好工作报告，××公司工会召开委员会专题研究，提出了工作报告的指导思想、主要内容和结构要求，并抽调专人组成起草小组,在深入调查研究和多方面听取意见的基础上,组织起草工作。工作报告的主题是:××××。工作报告初稿形成后,经××公司工会委员会讨论研究,采取座谈会、书面征求意见、派专人到部分单位听取建议等方式,广泛征求各单位工会意见,数易其稿,形成了现在的工作报告。经××公司党委原则同意,××公司工会第×届委员会全体会议讨论通过,提交大会予以审议。

××公司工会第×届委员会对上次工代会以来的经费收支预算决算情况进行了分析,总结了经验,查找了不足,提出了今后五年加强和改进工会财务工作的要求,在此基础上形成了××公司工会第×届委员会经费收支预算决算情况报告,经××公司工会第×届委员会全体会议讨论通过,提交大会予以审议。

××公司工会第×届经费审查委员会召开会议对上次工代会以来的经费收支、资产管理等工作进行了认真审查,形成了审查意见;对经审会五年来的经审工作进行了认真总结回顾,并按照上级工会有关要求,根据工会委员会确立的今后五年整体工作思路,提出了今后五年经审工作的主要任务。在此基础上,指定专人起草报告,并印发至经审会委员征求意见,经多次修改,提交××公司工会第×届委员会全体会议讨论通过,也将提交大会予以审议。

4. 关于大会的议程、组织机构和要求。大会的主要议程是:审议和批准××公司工会第×届委员会工作报告;审议和批准××公司工会第×届委员会经费收支预算决算情况报告和经费审查委员会工作报告;选举产生××公工会第×届委员会和经费审查委员会及女职工委员会。

这次大会会期两天，总体安排是：今天上午召开预备会议；下午召开正式大会。明天上午代表分组讨论，审议"两委会"工作报告，讨论大会选举事项，进行大会选举；下午大会闭幕。

大会设主席团和秘书长。大会的各项工作在主席团领导下进行，大会秘书处下设会务秘书组、组织组、宣传组，负责大会的具体工作。出席大会的代表按照地区和系统分布划分为5个代表团，各代表团设正、副团长各1名。

各位代表、同志们，这次大会是在××公司党委紧密围绕创新发展主题，全力推进××公司建设的关键时刻召开的一次重要会议，是××公司工会的一次盛会，也是广大会员群众政治生活中的一件大事。开好这次大会，对于坚定不移地走中国特色社会主义工会发展道路，充分发挥工会维护职工合法权益、竭诚服务职工群众的作用，具有十分重要的意义。

××公司党委和上一级工会高度重视和关心这次大会，××公司党委和上一级工会领导多次听取工会的专题汇报，及时了解大会的筹备情况，研究大会的有关重大问题。各单位及有关部门对大会的筹备工作给予了大力支持和帮助，××、××等单位按照大会筹委会的部署和要求，在大会的组织和代表的食宿接待、医疗保健、安全保卫等方面作了悉心的安排和精心的准备。在此，我代表筹委会和与会的全体代表向他们的辛勤劳动表示衷心的感谢！

在工代会的筹备过程中，筹委会办公室力求把各项筹备工作做细、做实做好，但难免会有考虑不周、服务不妥之处，也请各位代表给予批评指正，提出宝贵意见。本次大会开幕以后，大会筹委会办公室将转为大会秘书处，继续做好大会的有关组织和服务工作。

同志们，在各级组织和广大职工全力以赴保安全、保质量、保创新、促发展之际，我们齐聚一堂，认真学习贯彻习近平新时代中国特色社会主义思想，共商工会工作发展大计，责任重大、使命光荣。希望大家不负会员群众的重托，认真履行代表职责，努力把这次会议开成一个求真务实、继往开来的大会，开成一个鼓舞人心、激发斗志的大会，开成一个民主和谐、团结奋进的大会。

最后，预祝大会圆满成功！

祝各位代表身体健康，工作顺利，生活幸福！

××公司工会第×届会员代表大会代表资格审查情况的报告（草案）

（××××年××月××日）

各位代表：

现将××公司工会第×届会员代表大会代表资格审查的情况向大会报告如下：

1. 代表名额分配情况

根据有关规定，结合自身实际，××公司工会研究决定，××公司工会第×届会员代表大会的代表为××名。代表分类结构为：一线职工、工会干部和工会积极分子占××%，中层以上管理人员和领导人员占××%，劳模先进占××%。

其中女职工和青年职工会员占一定比例。上述代表人数和结构比例报经××公司党委和上一级工会同意后,由××公司工会根据各选举单位的会员人数,分配了代表名额。在分配中,适当照顾会员人数较少的单位,并考虑到××公司工会机关工会专职干部比较集中的实际和工作需要,将××公司工会领导和部门负责人划分到有关选举单位参加选举。

2. 代表选举情况

根据《关于筹备召开××公司工会第×届会员代表大会的通知》(以下简称《通知》)要求,××公司工会第×届会员代表大会的代表选举工作于××月××日开始,××月××日全部完成。×个选举单位在代表选举过程中,经过自下而上充分酝酿,按照差额率不低于15%的比例推荐出代表候选人预备人选××名。经同级党组织和××公司工会审核同意后,分别召开会员(代表)大会或会员代表会议,以无记名投票方式,差额选举产生出席××公司工会第×届会员代表大会正式代表××名。××名代表中,一线职工、工会干部和工会积极分子××名,占代表总数的××%;中层以上管理人员和领导人员×名,占代表总数的×%;劳模先进×名,占代表总数的××%。女代表××名,占代表总数的××%;青年职工代表×名,占代表总数的×%。党员××名,占代表总数的××%;团员×名,占代表总数的××%;非党员群众×名,占代表总数的×%。具有大专以上学历的××名,占代表总数的××%;具有高中、中专学历的×名,占代表总数的×%。

3. 代表资格的审查情况

按照有关文件规定,工会委员会对出席××公司工会第

×届会员代表大会代表的资格进行了认真审查。工会委员会认为，各选举单位工会能够按照民主程序和代表条件，认真做好代表选举工作。注重从政治素质、议事能力、工作实绩、联系群众、工作需要等方面考虑代表人选，严格把关。选出的××名代表，群众基础好，政治素质高，能代表广大会员群众意愿，符合《通知》中规定的代表条件及构成比例要求。××名代表资格全部有效。

以上报告，提请大会审议。

××公司工会第×届会员代表大会第一次会议主席团组成方案产生办法及主要任务

1. 根据全总《工会基层组织选举工作条例》第二十条中关于大会主席团的有关规定，经××公司工会第×届委员会研究，××公司工会第×届会员代表大会第一次会议主席团由××人组成。大会主席团成员建议名单经全体代表酝酿讨论后，提交代表大会预备会议表决通过。

2. 大会主席团实行民主集中制的原则，凡是有关会议的重大问题，都要经过主席团全体会议讨论决定，其主要任务是：按照××公司工会第×届一次会员代表大会预备会议通过的《议程》主持大会；组织代表审议××公司工会第×届委员会工作报告、经费收支预算决算情况报告和经费审查委员会工作报告，并根据多数代表的意见对工作报告进行修改；组织代表审议通过大会选举办法；组织代表对××公司工会第×届委员会和经费审查委员会委员候选人建议名单进行充分酝酿讨论，并根据多数代表的意见确定候选人名单；主持大会的选举工作；起草××公司工会第×届一次会员代表大会的有关决议草案，提请大会审议通过；讨论决定××公司工会第×届一次会员代表大会的有关重大问题；从新当选的"两委会"委员中分别确定1名委员主持××公司工会第×届委员会和经费审查委员会第一次全体会议；研究决定大会其他未尽事项。

××公司工会第×届一次会员代表大会预备会议日程

时间	会议内容	报告人	主持人	参加人	地点
×月×日 ×：× — ×：×	代表团（组）召集人会议 1. 简要介绍大会筹备工作情况； 2. 通报预备会议日程和大会议程、日程； 3. 布置代表团（组）会议内容； 4. 通报大会工作机构； 5. 宣布大会注意事项。			各代表团（组）召集人、工会委员会委员	
×：× — ×：×	代表团（组）会议 1. 讨论通过本代表团（组）长、副团（组）长名单； 2. 酝酿大会主席团成员和大会秘书长建议名单； 3. 酝酿大会议程（草案）； 4. 酝酿代表资格审查报告。	各代表团（组）召集人	本团（组）全体代表		各团（组）会议室

续表

时间		会议内容	报告人	主持人	参加人	地点
×月××日	×：× ｜ ×：×	代表团（组）长会议 各代表团（组）汇报讨论情况。			工会委员会委员	
	×：× ｜ ×：×	预备会议 1. 听取大会筹备工作报告； 2. 听取并审议代表资格审查报告； 3. 通过大会主席团成员名单； 4. 通过大会秘书长名单； 5. 通过大会议程； 6. 通过选举办法； 7. 宣布大会日程； 8. 宣布大会注意事项。			全体代表、列席代表	
		主席团第一次会议 1. 明确大会主席团任务； 2. 通过大会执行主席分工名单。			主席团成员	

工会会员（代表）大会
会议阶段流程

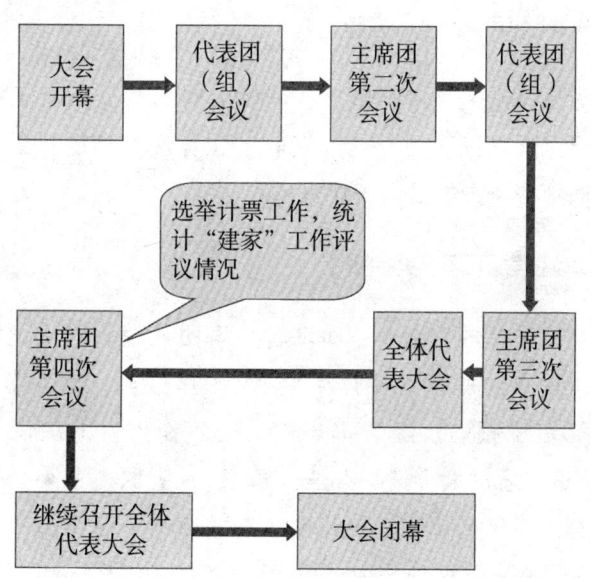

图示解说

1. 大会开幕

大会一般由上届工会主席或工会筹备组负责人主持。主要程序是：宣布大会开幕，唱《国歌》；上级工会领导讲话；党组织领导讲话；听取上届工会委员会工作报告；听取上届工会委员会经费收支预算决算情况报告；听取上届经费审查委员会工作报告。

2. 代表团（组）会议

会议讨论主要内容包括：审议上届工会委员会工作报告；审议上届工会委员会经费收支预算决算情况报告；审议上届经费审查委员会工作报告。

3. 主席团第二次会议

会议主要内容包括：听取各代表团（组）讨论情况汇报；审议通过关于上届工会委员会工作报告、经费收支预算决算情况报告、经费审查委员会工作报告的决议（草案）；审议通过大会选举办法（草案）；听取"三委会"委员候选人建议名单的情况说明，酝酿通过"三委会"委员候选人名单；酝酿监票人名单。

4. 代表团（组）会议

首先由代表团（组）长传达主席团第二次会议情况，然后进行分团（组）讨论。讨论内容包括：大会选举办法（草案）；酝酿"三委会"委员候选人名单；推荐监票人；审议关于上届工会委员会工作报告的决议（草案）、关于上届工会委员会经费收支预算决算情况报告的决议（草案）、关于上届经费审查委员会工作报告的决议（草案）。

5. 主席团第三次会议

会议主要内容包括：听取各代表团（组）关于讨论大会选举办法（草案）的情况汇报；听取讨论上届工会委员会工作报告、经费收支预算决算情况报告、经费审查委员会工作报告决议（草案）情况的汇报；讨论通过大会选举办法（草案）和大会各项决议（草案）；确定"三委会"委员候选人名单；确定总监票人、监票人建议名单。

6. 大会选举

会议主要程序包括：通过大会选举办法；通过总监票人、监票人名单；宣布计票人名单；宣布"三委会"委员候选人名单；选举"三委会"委员；暂时休会，进行计票工作。

7. 主席团第四次会议

会议主要内容包括：听取总监票人报告选举计票结果；审议通过相关工作报告决议（草案）；确认当选的"三委会"委员名单；指定"三委会"第一次全体会议主持人。

8. 召开"三委会"第一次会议

召开工会委员会第一次会议，选举产生工会主席、副主席。召开工会经费审查委员会第一次会议，选举产生经费审查委员会主任、副主任。召开工会女职工委员会第一次会议，选举产生女职工委员会主任、副主任。

9. 大会闭幕

会议主要程序：通过关于上届工会委员会工作报告的决议；通过关于上届工会委员会经费收支预算决算情况报告的决议；通过关于上届经费审查委员会工作报告的决议；新当选主席讲话；党委书记讲话；宣布大会闭幕，奏《国际歌》。

注意事项

1. **高度重视选举工作**

选举产生工会领导班子是工会会员（代表）大会的重要任务。要把选举工作考虑得细之又细，组织得严谨周密，包括选票根据座位分区域清点装袋，清点到会代表人数，确信发放、传递和回收选票准确无误，检查票箱加封等细节，保证选举按程序周密无误地进行。

2. **主席台座次安排**

主席台座次在大会正式会议期间多次变动，执行主席随日程变化而变化，在大会第一阶段，上级工会领导、行政领导、团组织负责人致贺词后都将离会。这些都将引起主席台座次变动。会议期间，要及时根据日程推进，调整主席台座次安排。

3. 会议时间节点控制

一些基层工会为节约大会时间，工会委员会经费收支预算决算情况报告和经费审查委员会工作报告可作书面报告，直接印发给代表，不在大会上宣读。在此情况下，会务秘书组要及时了解各代表团（组）讨论情况，可根据各代表团（组）讨论情况，及时研究处理相关事宜，修改有关文件。

4. 总监票人、监票人的提名推荐

一般情况下，监票人由各代表团（组）按照大会主席团的部署，从熟悉选举工作的正式代表中推荐。大会主席团根据各代表团（组）推荐的人选，确定总监票人、监票人建议名单，提交大会表决通过。

5. "三委会"委员候选人名单的提名推荐

首先，由大会组织组向大会主席团介绍"三委会"委员候选人建议人选的推荐情况和候选人简历，经大会主席团酝酿通过后，提交全体代表酝酿讨论。而后，由大会主席团根据各代表团（组）酝酿讨论情况，确定"三委会"委员候选人名单，提交大会选举。

6. "三委会"第一次全体会议召开时间

基层工会"三委会"第一次会议一般在工会会员（代表）大会闭幕式前分别召开，一般应在工会会员（代表）大会闭幕式上宣布"三委会"第一次会议的选举结果。

范例

××公司工会第×届一次会员代表大会日程

时间	会议内容	报告人	主持人	参加人	地点
××月××日 ×:× | ×:×	大会开幕式 1. 宣布大会开幕，唱《国歌》； 2. 上级工会领导讲话； 3. 党组织领导讲话； 4. 团委书记致辞； 5. 全体代表合影； 6. 听取××公司工会第×届委员会工作报告； 7. 听取××公司工会第×届委员会经费收支预算决算情况报告； 8. 听取××公司工会第×届经费审查委员会工作报告。		上届工会主席	全体代表、特邀代表、列席代表	
×:× | ×:×	代表团（组）会议 1. 讨论领导讲话； 2. 审议××公司工会第×届委员会工作报告； 3. 审议××公司工会第×届委员会经费收支预算决算情况报告； 4. 审议××公司工会第×届经费审查委员会工作报告。		各代表团（组）长	本团（组）全体代表、列席代表	

续表

时间	会议内容	报告人	主持人	参加人	地点
×× 月 ×× 日	**主席团第二次会议** 1. 听取各代表团（组）讨论情况汇报； 2. 审议通过关于××公司工会第×届委员会工作报告、经费收支预算决算情况报告、经费审查委员会工作报告的决议（草案）； 3. 审议通过大会选举办法（草案）； 4. 听取"三委会"委员候选人建议名单的情况说明，酝酿通过"三委会"委员候选人名单； 5. 推荐监票人。		上届工会主席	大会主席团成员	
×：× | ×：×	**代表团（组）会议** 1. 传达主席团第二次会议精神； 2. 介绍"三委会"委员候选人的有关情况，推荐监票人。		各代表团（组）长	本团（组）代表、列席代表	

续表

时间	会议内容	报告人	主持人	参加人	地点
×× 月 ×× 日	**主席团第三次会议** 1. 听取各代表团关于讨论大会选举办法（草案）、酝酿"三委会"委员候选人名单和酝酿监票人建议名单、讨论××公司工会第×届委员会工作报告、经费收支预算决算情况报告、经费审查委员会工作报告决议（草案）、推荐监票人情况的汇报； 2. 确定"三委会"委员候选人名单； 3. 确定总监票人、监票人建议名单； 4. 确定总计票人、计票人名单。		上届工会主席	大会主席团成员	
×：× — ×：×	**全体代表会议** 1. 通过大会选举办法； 2. 通过总监票人、监票人名单； 3. 宣布总计票人、计票人名单； 4. 宣布"三委会"委员候选人名单； 5. 选举"三委会"委员。		上届工会主席	全体代表	

续表

时间	会议内容	报告人	主持人	参加人	地点
×××月×××日	×:× — ×:×	主席团第四次会议 1. 听取总监票人报告选举计票结果； 2. 审议通过相关工作报告决议（草案）； 3. 确认当选的"三委会"委员名单； 4. 指定"三委会"第一次全体会议主持人。	总监票人	上届工会主席	大会主席团成员	
	×:× — ×:×	继续进行全体代表大会 1. 报告选举计票结果； 2. 宣布当选的"三委会"委员名单； 3. 宣布"三委会"第一次会议主持人名单。	总监票人	上届工会主席	全体代表	
	×:× — ×:×	××公司工会第×届经费审查委员会第一次会议		拟任主任人选	全体委员	
	×:× — ×:×	××公司工会第×届委员会第一次会议		拟任主席人选	全体委员	

续表

时间	会议内容	报告人	主持人	参加人	地点
××月××日 ×：× ― ×：×	大会闭幕 1. 宣布××公司工会第×届委员会主席、副主席、常委选举结果； 2. 宣布××公司工会第×届经费审查委员会主任、副主任选举结果； 3. 宣布××公司工会第×届女职工委员会主任、副主任名单； 4. 通过关于××公司工会第×届委员会工作报告的决议； 5. 通过关于××公司工会第×届委员会经费收支预算决算情况报告的决议； 6. 通过关于××公司工会第×届经费审查委员会工作报告的决议； 7. 党委领导讲话； 8. 宣布大会闭幕，奏《国际歌》。		上届工会主席	全体代表、列席代表	

工会会员（代表）大会会后工作流程

图示

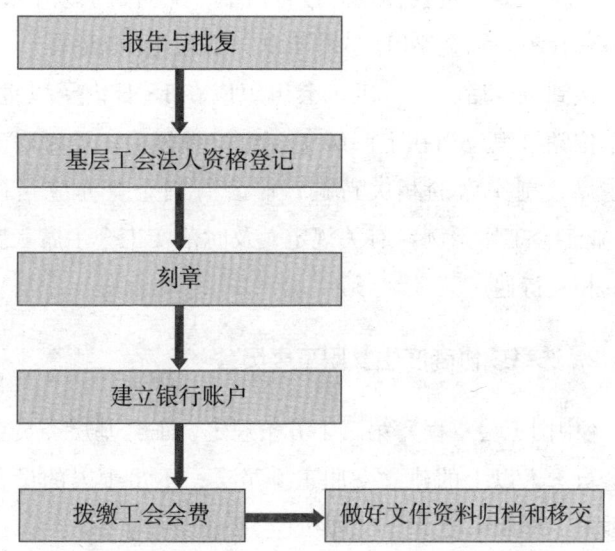

图示解说

1. 报告与批复

选举结束后,应及时将大会召开情况和选举结果以书面形式向上一级工会组织和本单位党组织报告。报告的内容应当包括:本单位实有职工数和会员数;召开会员(代表)大会的时间、地点;会议应到会员(代表)数、实到会员(代表)数、参加选举人数;选举方式,工会委员会和经费审查委员会实际当选名单(按得票多少顺序或者姓氏笔画排列),主席、副主席和经费审查委员会主任、副主任名单;本届工会委员会任期。报告后面,应当附录以下文件:会员(代表)大会议程;选举办法,当选人员登记表。

接到报告后,上一级工会组织应在15日内予以批复;本单位党组织应当在上一级工会组织批复后,及时明确工会主席、副主席的相关待遇;非公有制企业亦应当按照《企业工会工作条例》有关规定,及时落实工会主席、副主席的相关待遇。

2. 选举或协商产生女职工委员会

《中国工会章程》第二十五条规定,工会基层委员会有女会员十人以上的建立女职工委员会,不足十人的设女职工委员。女职工委员会由同级工会委员会提名。

女职工委员会是选举产生,还是协商产生,要看实际情况。如果对候选人的熟悉程度比较高,基层工会委员会可以采取选举产生；如果是新组建单位等其他女职工情况，可以采用协商产生的方式。

采取选举产生，其选举方法与基层工会委员会选举办法一致。应采取无记名投票选举、得赞成票须超过应到会人数一半方能当选等原则。

3. 公布

在收到上一级工会的批复后，应当及时公布。工作地点比较分散的，应当采取适当方式向所有会员和职工告知选举情况和上一级工会批复情况。在当前，微信等网络传播非常快捷，是一种覆盖程度高、成本低的公布方式。

4. 基层工会法人资格登记

基层工会委员会收到上一级工会对选举结果的批复后，即可着手办理《工会法人资格证书》和《工会法定代表人证书》。作为社团法人，工会依法享有法人应有的权利，如财产权、债权、知识产权、名誉权等，同时承担相应的民事义务。工会不仅可以依法进行民事活动，在诉讼中成为独立的诉讼主体，而且还可以代表职工与企业进行协商、签订集体合同。

基层工会具备法人资格，可以使基层工会的合法权益进一步得到法律保护。企业工会作为社团法人与企业法人是各自独立的法人主体。当工会的合法权益受到侵害时，工会可以独立法人主体资格诉诸法律，请求保护。

5. 刻制印章

新成立或新组建的基层工会委员会收到上一级工会对选举结果的批复后,即应到公安机关申请刻制工会印章。印章规格和内容要求,按照全总有关规定执行。

6. 建立银行账户

新成立或新组建的基层工会委员会收到上一级工会对选举结果的批复后,即应向银行申请办理开户手续。工会经费应当由工会独立管理。

7. 拨缴工会经费

基层工会委员会收到上一级工会对选举结果的批复后,即应向本单位申请按照工资总额2%按月拨缴工会经费。

8. 做好文件资料归档和移交

会员(代表)大会会议期间和会议结束后,应当安排专人,将有关文件资料归档。归档的主要内容包括:

(1)筹备组建基层工会的请示;上一级工会的批复。

(2)召开基层工会会员(代表)大会(组建工会或者换届、届中补选)向上一级工会的请示;上一级工会的批复。

(3)向党组织报告召开会员(代表)大会的请示及方案;党组织的回复。

(4)会员(代表)相关资料(会员或者代表的登记表、

名册、代表团划分），代表资格审查报告。

（5）大会主席团、秘书长名单及执行主席名单。

（6）大会日程安排，每次大会的议程。

（7）工作报告（包括组建工会筹备工作报告，工会委员会、经费审查委员会的工作报告及经费收支预算决算情况报告）。

（8）大会期间的决议、决定等文件。

（9）选举工作文件（三个《选举办法》，选举主持词，选举工作表格，选票）。

（10）有关提案及提案工作报告。

（11）主席团、各代表团、专门工作机构会议和活动记录。

（12）工会委员会和经费审查委员会选举结果的报告。

（13）上一级工会对选举结果的批复。

会员（代表）大会的档案和日常工作档案，应当由工会指定专人保管，也可以交上一级工会或者档案馆保管。工会组织撤销、合并，应当同步做好档案移交工作。

注意事项

1. 选举或协商产生女职工委员会的时间问题

按照《工会女职工委员会工作条例》第十四条的规定，"女职工委员会由同级工会委员会提名"，似乎是工会委员会产生之后，才能够提名女职工委员会候选人。而第十二条又规定，"女职工委员会与工会委员会同时建立"。关于工会委员会对女职工委员会候选人的提名，在酝酿产生工会委员会、经费审查委员会候选人时，可以同步进行女职工委员会候选人的推荐。经过上下反复酝酿，充分讨论，推荐出的候选人，基本能够代表女职工的意愿，作为建议名单，提交新一届工会委员会。在实践中，有的会员代表大会同步选举产生工会委员会、经费审查委员会和女职工委员会，这种操作也是可行的。

2. 女职工委员会与妇联的关系问题

根据《中国工会章程》第十四条规定，"企业工会女职工委员会是县或者县以上妇联的团体会员，通过县以上地方工会接受妇联的业务指导。"企业、事业单位工会女职工委员会的选举事项及日常工作，均不与各级妇联组织发生任何直接联系。各级各类工会委员会的女职工委员会，接受妇联的业务指导需通过县或者县以上地方工会。

【范例】

关于××公司第×届会员代表大会
第一次全体会议选举结果的报告

××总工会：

根据《工会基层组织选举工作条例》《基层工会会员代表大会条例》和××总工会的规定，××公司工会第×届一次会员（代表）大会于××××年××月××日在××召开。

我公司现有职工×××人，会员×××人，此次会员（代表）大会应到会×××人，实到会×××人（到会率98.5%），参加选举×××人（占应到会98.2%）。

经大会全体会员（代表）无记名投票差额选举，×××、×××（女）……9名同志当选第×届工会委员会委员，××、×××（女）、×××三位同志当选第×届工会经费审查委员会委员。经第×届工会委员会无记名投票差额选举，×××同志当选工会主席，××、×××（女）同志当选工会副主席。经第×届工会经费审查委员会无记名投票等额选举，×××（女）同志当选经费审查委员会主任。

根据××总工会《关于对××公司召开第一次会员（代表）大会暨建立第×届工会委员会请示的批复》，本届工会委员会任期为×年（即××××年××月至××××年××月）。

特此报告，请批复。

附件：1. 会员（代表）大会议程（略）；

2. 选举办法（略）；

3. 选票（样票）（略）；

4. 计票结果报告单（复印件）（略）；

5. 当选人员登记表。

××公司工会委员会

（当选主席签名）

××××年××月××日

××公司工会第×届委员会委员和经费审查委员会委员当选人员登记表

职务	姓名	性别	出生年月	民族	文化程度	政治面貌	入会时间	行政职务	工会职务
主席									
副主席									
工会委员									
经审主任									
经审委员									

关于对××公司工会第×届会员（代表）大会
第一次全体会议选举结果的批复

××公司工会：

《关于××公司工会第×届委员会和经费审查委员会选举结果的报告》收悉。经研究，同意×××、×××（女）……组成工会委员会，××、×××（女）、×××三位同志组成工会经费审查委员会。同意×××为工会主席，××、×××（女）为工会副主席，×××（女）为经费审查委员会主任。同意第×届工会委员会任期为×年（从××××年××月至××××年××月）。

特此批复。

　　　　　　　　　××（上一级工会）工会委员会
　　　　　　　　　　　　　　　　（盖章）
　　　　　　　　　　××××年××月××日

××公司第×届会员（代表）大会
第一次全体会议选举结果的公告

依照《工会基层组织选举工作条例》和《基层工会会员代表大会条例》的规定，经上一级工会批准，于××××年××月××日召开××公司工会第×届会员（代表）大会第一次全体会议，经无记名投票，选举产生××（单位名称）工会第×届委员会和经费审查委员会。现予公告如下：

工会主席：×××

工会副主席：××、×××（女）

工会委员：×××、××

经费审查委员会

主任：×××（女）

委员：×××、××

特此公告。

××公司工会委员会
××××年××月××日

选举会员代表流程

图示

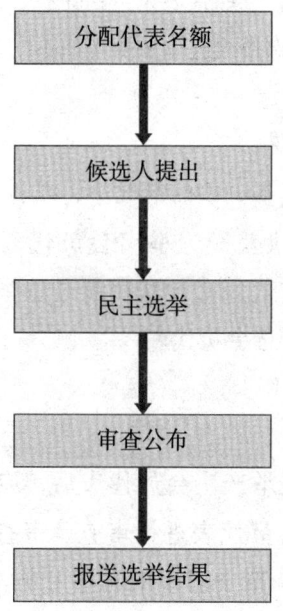

图示解说

1. 分配代表名额

由工会筹备组按照代表比例和会员构成情况，讨论确定各工会小组（车间、班组、科室，下同）代表名额的数量。

2. 候选人提出

工会筹备组下达各工会小组会员代表名额数量后，由各工会小组长组织会员，按照代表条件讨论提出候选人名单；候选人名单应当报工会筹备组进行平衡（如不同会员所占比例）。

3. 民主选举

在协商意见基本一致的情况下，以各工会小组为单位，由会员无记名投票差额选举出会员代表，差额率不低于15%。选举的会员代表必须获得超过选举单位全体会员半数赞成票，才能当选会员代表。

4. 审查公布

各工会小组选举产生会员代表后，应当呈报工会筹备组，由筹备组对会员代表进行审查。审查的内容包括：会员代表酝酿提名、选举产生的程序和方法是否符合规定；会员代表是否符合规定条件。如发现不符合规定的，应当让原工会小组重新选举。审查合格后，各工会小组应当公布会员代表名单。

5. 报送选举结果

向同级党组织和上一级工会组织报告选举结果，报告内容包括会议形式、代表选举过程、当选结果，并按要求填报代表登记表。

注意事项

1. 把握好会员代表的选举与条件

关于选举问题，《基层工会会员代表大会条例》第十三条规定："会员代表应由会员民主选举产生，不得指定会员代表。劳务派遣工会员民主权利的行使，如用人单位工会与用工单位工会有约定的，依照约定执行；如没有约定或约定不明确的，在劳务派遣工会员会籍所在工会行使。"

关于会员代表基本的条件，《基层工会会员代表大会条例》第十四条规定，会员代表应具备以下条件：一是工会会员，遵守工会章程，按期缴纳会费；二是拥护党的领导，有较强的政治觉悟；三是在生产、工作中起骨干作用，有议事能力；四是热爱工会工作，密切联系职工群众，热心为职工群众说话办事；五是在职工群众中有一定的威信，受到职工群众信赖。除此之外，在设计方案与安排选举中，还可结合本单位的实际，有些许便于操作的具体条件。

2. 把握好会员代表的比例成分和名额

会员代表大会的比例与名额，要按照《基层工会会员代表大会条例》的规定执行。会员不足100人的基层工会组织，应召开会员大会；会员100人以上的基层工会组织，应召开会员大会或会员代表大会。

100人以上召开会员代表大会的单位，其代表的数额要按照《基层工会会员代表大会条例》第九条的规定执行，即：

会员100至200人的，设代表30至40人；

会员201至1000人的，设代表40至60人；

会员1001至5000人的，设代表60至90人；

会员5001至10000人的，设代表90至130人；

会员10001至50000人的，设代表130至180人；

会员50001人以上的，设代表180至240人。

会员代表的组成应以一线职工为主，体现广泛性和代表性。中层正职以上管理人员和领导人员一般不得超过会员代表总数的20%。女职工、青年职工、劳动模范（先进工作者）等会员代表应占一定比例。

3. 充分发扬民主

在会员代表的选举过程中，要注意充分发扬民主，通知到应该参加会议的每一个会员。在实际工作中，有的会员可能对是否当选并不在意，个别的可能没有参与的积极性，但若不通知到本人，就会不满意、发牢骚。这也是违背程序正义及选举原则的。

范例

关于民主选举工会会员代表的通知

各部门工会小组：

根据《中华人民共和国工会法》《中国工会章程》《基层工会会员代表大会条例》等有关规定，公司拟成立工会。经公司党委同意、上一级工会批准，计划于××××年××月召开首届一次工会会员代表大会。为顺利召开首届一次工会会员代表大会，现就会员代表选举的有关事项通知如下：

一、代表的选举及名额分配

本次工会会员代表大会代表拟选代表45名。其中女职工代表不少于10人。工会会员代表应具备以下条件：工会会员遵守工会章程，按时缴纳会费；拥护党的领导，有较强的政治觉悟；在生产、工作中起骨干作用，有一定的议事能力；热心为职工群众说话办事，在职工群众中有一定的威信。

工会会员代表，一律采取无记名投票方式差额选举产生。参加选举的会员人数应超过本部门会员总数的三分之二以上，方可进行选举。候选人应多于应选代表的15%，候选人获得所在部门全体会员半数以上选票时，当选为会员代表。经民主推荐的工会委员会和经费审查委员会委员候选人应首先按程序当选为会员代表。

会员代表选举由各部门工会小组组织完成，各部门会员代表选举工作结束后，应在×月×日前将会员代表名单汇总表以书面和电子版形式报公司工会筹备组。

二、会员代表的职责

1. 积极参加工会会员代表大会，认真听取大会的工作报告，认真讨论审议大会的各项议题，认真负责地提出审议意见和建议；

2. 严肃负责地履行民主选举的权利，做好民主管理和民主监督工作；

3. 保持与职工群众的密切联系，听取和反映职工的意见和建议，团结广大职工为公司的建设和发展献计献策。

三、会员代表的任期

会员代表实行常任制：会员代表的任期与工会会员代表大会届期一致。会员代表可以连选连任，会员代表如在任期内因故调离、离职或退休等原因，代表资格自然终止。会员代表缺额由原选举部门全体会员另行选举会员代表，报经公司工会进行资格审查。

四、要求

1. 各部门工会小组要精心组织好本次会员代表选举推荐工作，调动广大会员参与的积极性，确保选举各阶段工作如期完成。

2. 选举要坚持民主集中制的原则，充分尊重选举人的意愿，严格按照代表的比例、分配名额选好会员代表。广大会员要珍惜自己的民主权利，认真选好会员代表。

附件：1. 会员代表名额分配表；
　　　2. 会员代表登记表。

××公司工会筹备组

××××年××月××日

会员代表名额分配表

序号	部门	在册人数	分配比例(%)	工会干部、积极分子	劳动模范、女职工、青年职工	中层以上管理人员和领导人员	总数	备注
1								
2								
3								
4								
5								
6								
7								
8								
9								
10								
11								
合计								

会员代表登记表

姓　名		性别		出生年月		民　族	
籍　贯		文化程度		政治面貌			
参加工作时间		专业技术职称		联系方式			
工作单位及工会内外职务							
主要工作简历							
主要表现							
受过何种奖励处分							

民主推荐委员候选人流程

图示

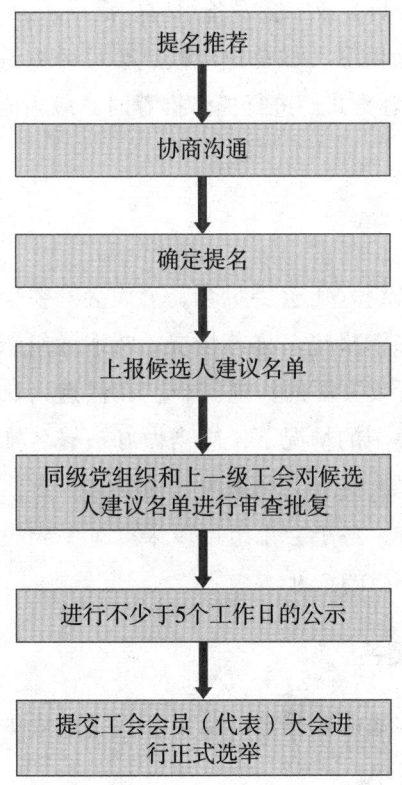

> 图示解说

1. 提名推荐

基层工会委员会委员候选人，应经会员充分酝酿讨论，一般以工会分会或工会小组为单位推荐。

在各地实践中，还产生了其他一些方式，比如：一定数量会员集体提名推荐；会员自我提名推荐等。在具体操作中，工会委员会或工会筹备组应广泛征求会员群众意见，根据单位实际情况（如单位规模、会员的数量和分布情况等），完善推荐方式。进行提名推荐时，应当同时提出提名推荐的理由。

2. 协商沟通

工会筹备组（工会委员会、工代会筹委会，下同）要及时向党组织汇报提名推荐情况，听取党组织意见。必要时，做好与行政方面的沟通工作。在候选人比较分散、会员意见不够集中的情况下，应当做好被提名推荐人员情况介绍工作，再次征求会员意见，使候选人逐步集中。在征求意见过程中，各工会小组可以采取举手表决或者投票的方式决定本小组的意见。

3. 确定提名

在协商沟通的基础上，由工会筹备组集中意见，确定候选人建议名单。

4. 上报候选人建议名单

在协商沟通的基础上，工会筹备组确定工会委员会和经费审查委员会候选人建议名单后，应当将候选人建议名单报告同级党组织和上一级工会审查批复。对已经协商提出工会委员会主席、副主席和经费审查委员会主任初步人选的，在同级党组织确定具体人选前，请同级党组织征求上一级工会意见。

5. 同级党组织

根据各地实践情况，基层单位党组织健全的，由单位党组织负责审查。基层单位未建立党组织的，可以由该单位所在地方的党组织负责审查。对经审查的候选人建议名单，应当进行公示。

6. 进行公示

经上一级工会审查批复的候选人，应进行不少于5个工作日的公示。

注意事项

1. 坚持"三委"候选人的条件

基层工会委员会委员和经费审查委员会委员及女职工委员会委员，是最基层的工会干部。协商提出委员人选时，要明确候选人的条件。

(1) 工会委员会委员候选人条件

《工会基层组织选举工作条例》第十条规定,"基层工会委员会的委员、常务委员会委员和主席、副主席的选举均应设候选人。候选人应信念坚定、为民服务、勤政务实、敢于担当、清正廉洁,热爱工会工作,受到职工信赖。基层工会委员会委员候选人中应有适当比例的劳模(先进工作者)、一线职工和女职工代表。"

同时,《工会基层组织选举工作条例》第十一条还规定:"单位行政主要负责人、法定代表人、合伙人以及他们的近亲属不得作为本单位工会委员会委员、常务委员会委员和主席、副主席候选人。"

(2) 经费审查委员会委员候选人条件

根据《中国工会审计条例》第十三条规定:"经审会委员由政治素质高、业务能力强、具有相关专业知识的工会干部和会员担任并经民主选举产生……经审会委员中具有审计、财会专业知识的人员一般不少于三分之二。"第十四条规定:"工会主席、分管财务和资产的副主席、财务和资产管理部门的人员,不得担任同级工会经审会委员。"

2. 把握"三委"候选人的名额和比例

根据《中国工会章程》第二十五条规定:"有会员二十五人以上的,应当成立工会基层委员会;不足二十五人的,可以单独建立工会基层委员会,也可以由两个以上单位的会员联合建立工会基层委员会,也可以选举组织员或者工会主席一人,主持基层工会工作。"基层工会委员会由主席、副主席和委员组成；设立常务委员会的，常务委员会由主席、副主席和常务委员组成。基层工会经费审查委员会由主任、副主任和委员组成。

根据中华全国总工会《工会基层组织选举工作条例》第八条规定："基层工会委员会委员名额，按会员人数确定：不足25人，设委员3至5人，也可以设主席或组织员1人；25人至200人，设委员3至7人；201人至1000人，设委员7至15人；1001人至5000人，设委员15至21人；5001人至10000人，设委员21至29人；10001人至50000人，设委员29至37人；50001人以上，设委员37至45人。"第九条规定："大型企事业单位基层工会委员会，经上一级工会批准，可以设常务委员会，常务委员会由9至11人组成。"

根据单位规模和会员人数确定工会委员会（常务委员会）委员候选人名额，一般提出的候选人中，委员会委员和常务委员会委员的差额率分别不低于5%和10%。

3. 酝酿女职工委员会委员候选人

工会女职工委员会，在同级工会领导下开展工作，表达和维护女职工的合法权益。按照《中国工会章程》第十四条规定，"女职工委员会由同级工会委员会提名，在充分协商的基础上组成或者选举产生，女职工委员会与工会委员会同时建立。"在基层工会委员会没有建立前，女职工委员会尚不具备产生候选人的条件。但根据基层工会召开会员（代表）大会的时间短、代表集中比较难的实际情况，一般在实际操作中,可以在选举会员代表大会代表、协商提出基层工会委员会委员和经费审查委员会委员候选人的阶段,在女职工中酝酿女职工委员会人选,报工会筹备组。

> 【范例】

××公司工会委员候选人推选实施方案

根据《中华人民共和国工会法》《中国工会章程》的规定及我公司工会筹备组织情况,经研究,决定推荐工会委员会、经费审查委员会、女职工委员会候选人名单,报上一级工会审批。具体实施方案如下:

一、公司"三委会"的设置

根据《中国工会章程》《工会基层组织选举工作条例》《工会女职工委员会工作条例》等有关规定,会员在25人以上的应建立基层工会委员会,同时建立工会经费审查委员会。女职工10人以上的,建立工会女职工委员会。据此,公司及各分公司工会委员会、经费审查委员会、女职工委员会委员人数按以下比例掌握。

1. 工会委员会

一般由5~7人组成,主席1人,副主席1~2人,委员3~5人。

2. 工会经费审查委员会

一般由3人组成,主任可由工会副主席兼任,也可另选他人,成员中财会人员要占多数。

3. 工会女职工委员会

一般由 3~5 人组成，主任由企业工会女主席（或副主席）担任，没有女主席（或副主席）的，由符合相应条件的工会女职工委员担任。

二、"三委会"候选人的推选产生

1. 工会委员会。工会委员会委员的推选产生要充分发扬民主，坚持民主集中制。应在所属工会组织提出初步建议，集中多数人的意见提出推荐意见，在进一步征求所属工会组织意见的基础上提出建议人选方案，向同级党组织汇报和上一级工会汇报后，形成候选人建议名单。选举应差额进行，差额率不低于 5%。

工会委员会的主席、副主席可由会员代表大会直接选举产生，也可以由工会委员会选举产生。会员在 200 人以上的单位，可以设置专职工会主席。

2. 工会经费审查委员会。工会经费审查委员会由工会委员会与所属工会和相关部门协商的基础上提出候选人建议人选方案，一般情况下等额选举产生。经费审查委员会成员中，有财务知识的人数应不低于三分之二。

3. 工会女职工委员会。工会女职工委员会由同级工会委员会在综合研究考虑各方面情况的基础上提名，在充分与各下属工会及有关方面协商的基础上产生，也可以召开女职工（代表）大会选举产生。实践中，也有的是在会员代表大会或者会员大会与工会委员会、经费审查委员会同步选举产生。

工会女职工委员会的主任由工会的女主席（副主席）担任，没有女主席（副主席）的，由符合条件的女职工委员担任。女职工委员会主任享受工会副主席待遇。

三、切实加强对推选工作的领导

1. 各级工会组织要加强"三委会"推选工作的领导。工会委员会和经费审查委员会及女职工委员会委员候选人建议名单形成以后,要连同其他重要事项,一并向同级党组织和上一级工会汇报。

2. 要认真细致、严谨周密地做好推选的具体组织工作。

××工会第×届工会委员会委员候选人登记表

姓名		性别		出生年月		民族	
籍贯		出生地		学历		学位	
参加工作时间				政治面貌			
获得先进模范称号							
现任职务							
简历							
主管组织人事部门(盖章) 年 月 日				本人签字: 年 月 日			

注:简历从参加工作前的毕业学校写起,要写明起止年月,时间要连贯,职务要写全,除工会职务外,党、政、人大、政协等都要写,并注明届次。

大会选举工作流程

🖼 图示

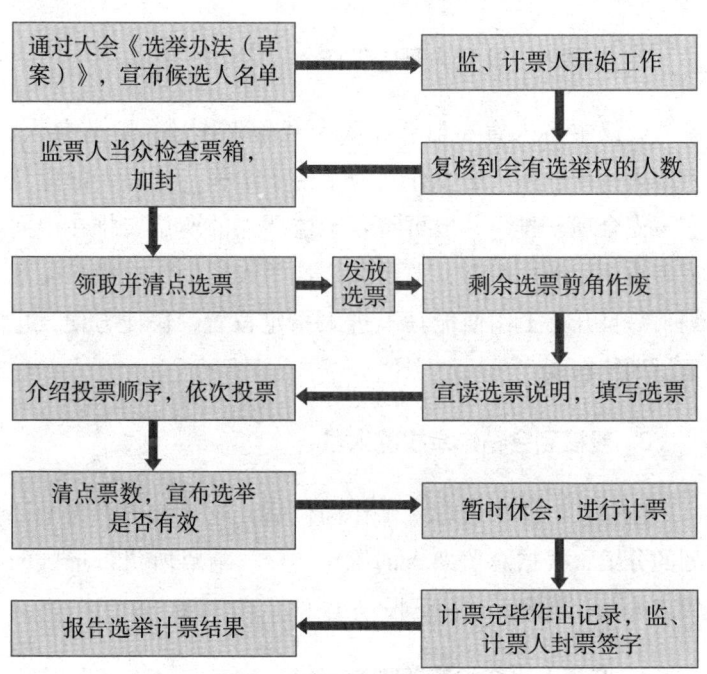

图示解说

1. 通过《选举办法（草案）》，宣布候选人名单

会前，工会委员会（或工会筹备组）应当根据相关规定起草《选举办法（草案）》，上级工会组织可以给予具体指导。应当在会前发给会员（代表），并做好有关规定的解释说明工作。通过总监票人、监票人名单，宣布总计票人、计票人名单，宣布候选人名单。

2. 监票人、计票人开始工作

会议主持人宣布监、计票人开始工作后，总监票人、监票人、计票人开始工作。为了便于工作，监票人的座位应事先合理安排，一般可将若干监票人的座位安排在中间或者边上通道的位置；监票人、计票人的工作也应事先规划，一旦开始工作便能马上进入指定位置，快捷方便，也显得训练有素。

3. 复核到会有选举权的人数

监票人、计票人进入工作岗位后，应按照事先关于区划的分工，根据总监票人的统一指令，清点所负责选区的代表人数，确定无误后汇报。

4. 监票人当众检查票箱，加封

检查票箱时要将票箱抬进来，打开箱子，当众检查，

并当场加封条或者上锁。有的单位则做成了有机玻璃的透明票箱，效果当然更好。

5. 领取并清点选票

总监票人到会议主持人处领取选票。总监票人拿到选票后，监票人、计票人要抓紧清点选票。尽管包装时选票数量是准确的，也要再次清点无误。

6. 发放选票

包装选票时可将选票按代表座位的分布情况分区域包装，甚至具体考虑到每排座位，这样不仅方便清点也方便发放。发放时可请代表传递，监票人监督，迅速方便且不容易出错。发放选票时主持人应该提醒代表不要急于填写选票。发放选票后总监票人要明确询问代表是否都有选票。

7. 剩余选票剪角作废

剩余的选票一般很少，但就是几张选票，也要再次清点，和发出的选票数加在一起必须等于代表总数，等于领到的总票数。清点剩余选票确认无误后当场剪角作废。剪角作废时要举高一些，向代表示意。

8. 宣读选票说明，填写选票

主持人宣读选票说明后，选举人方可填写选票。填写选票符号要准确，字迹要清楚，书写模糊不清、无法确认的，可按弃权处理。

9. 介绍投票顺序，依次投票

投票的顺序是总监票人、监票人、主席团人员、代表。路线应该事先规划好，一般是走转圈的方式，从前面第一排开始，前后相接，首尾不碰头。

10. 清点选票，宣布选举是否有效

当众开启票箱，清点票数，和发出选票数进行比对，宣布选举是否有效。若收到的比发出的多，选举无效，重新选举。

11. 暂时休会，进行计票

选举前应认真准备好计票表格、铅笔等文具用品，也可准备好电脑，方便准确快速统计。休会可安排茶歇，也可同时安排播放工会工作的专题片等。

12. 计票完毕作出记录，监票人、计票人封票签字

计票结束后，准确记录投票结果，监票人、计票人将选票封装好并签字。封装的选票应妥善保存，不予外泄。

13. 报告选举计票结果

总监票人向大会主席团报告选举计票结果，主席团确认当选结果后，大会主持人向大会报告选举结果。

注意事项

1. 选票的制作

根据工会委员会委员和经费审查委员会及女职工委员会委员候选人名单，应当在召开会议前，将选票印制完毕。在印制选票时，应当注意四点：一是要在选票上留有"另选人"位置。二是应当印制两套（每套有所区别），以备第一次选举中出现差错后，重新选举之用。三是选票上一定要加盖工会委员会印章，以防止假冒选票出现，扰乱正常选举进行。四是印制的选票，应当在会前密封保存；如果参加会议人数较多，提前进行分拣的，应当核对准确数量，防止在选举现场出现差错。

2. 人员分工及职责

做好工作人员的分工，使每个工作人员各居其位、各负其责、相互协作、密切配合，这是按部就班、顺利圆满完成选举工作任务的重要前提。进行工作人员分工时，应当考虑会期安排、参加选举投票人数、会场环境、工作人员数量等情况，既要保证工作完成，也要讲究效率。

提名监票人时，如果是会员大会，应当从没有被提名作为候选人的会员中选择；如果是会员代表大会，应当从不是委员候选人的代表中选择。

投票人数较多时，应当事先召开会议专题研究部署。

3. 培训工作人员

做好监票人建议人选（以下简称监票人）、计票人培训，是保证选举工作顺利进行、圆满完成的重要基础。对监票人、计票人培训，主要有三个方面内容：

一是提高认识，增强责任意识。要认识到自己的岗位和所做的工作，在整个选举工作中的地位和作用；要树立整体观念，在完成选举工作的"一盘棋"中，认真完成本职工作，积极配合其他同志，使选举工作协调有序、按部就班地推进。

二是明确程序，提前做好准备。在召开会员（代表）大会前，应当组织监票人、计票人，按照主持人的主持词，模拟推演，使监票人、计票人明白会议程序，各个程序之间如何衔接，自己工作任务是什么、什么时候进行，自己工作时的上个程序和下个程序与谁衔接，自己应当准备哪些器材，完成工作后需要移交哪些文件，等等。

三是明确内容，严格工作标准。应当组织监票人、计票人对照岗位工作职责，对应该完成的每项具体工作，制定细化标准；对每项具体工作可能出现的问题，制定应对措施。

参加培训的人员应当包括所有监票人、计票人等工作人员。同时，拟担任会议主持人，也应当配合进行推演。推演中，应当同步使用灯光、音响、音乐等。

4. 场地布置

召开会员（代表）大会进行选举工作，会场布置中应当注意以下几个问题：

一是有关会标。召开会员（代表）大会，会场前方正面中央可以悬挂工会会徽。会徽的样式和尺寸，按照1993年中华全国总工会办公厅《关于中国工会会徽制作等有关问题的通知》中的规定执行。

二是有关横幅。召开会员（代表）大会，会场前方正面中央可以悬挂横幅，标明会议名称。例如：新建会的基层工会横幅内容为："××（单位名称）第一届会员（代表）大会第一次全体会议"。

三是座位、主席台的安排。召开会员（代表）大会进行选举时，在主席台就座人员一般为主席团成员；会员人数较少的，可以只有大会主持人在主席台上就座。会场内座位摆放，尽量每排人数控制在10人以内，每几排之间尽量留有间隔，使会场形成若干个区域。这样便于会议期间清点人数；也便于通过表决事项时，统计表达"不同意"和"弃权"意见的人数；还便于发放选票时统计实际发放数量。每个会员（代表）的座位之间，可以适当宽松些，方便会员（代表）按照自己的意愿画选票。

四是总监票人的位置安排。总监票人的位置，一般设置在主席台前侧。应当尽量靠近主席台，同时还要便于观察会场情况，便于与场内工作人员进行沟通交流，便于协调各工作组的工作。

五是票箱位置。根据参加会议人数情况，可以在主席台前设置一个票箱，也可以在每个区域的前方设置一个票箱。

六是计票场所。计票应当保证计票工作人员在监票人的监督下，不受外界干扰地完成计票工作。如果参加会议人数较多，应当在会场适当位置设置计票工作台，或者在会场附近设置专门的计票工作室。如果采取唱票的方式计票，应当在会场主席台前侧设置必要的黑板等即时计数器材。但设置器材不能影响会议正常进行，不能使会场布置显得凌乱。

5. 器材准备

召开会员（代表）大会进行选举工作，器材准备方面应当注意以下几个问题：

一是票箱。在监票人检查票箱后，票箱应当加锁，或者粘贴封条，待投票结束后启封（打开）。票箱的投票口，应该能够使选票较自然地投入；其容量应当满足装填选票的需求。

二是音响、灯光。根据参加会议人数和会场情况，除主席台安装扩音设备，总监票人可以使用移动扩音设备（如手提扩音器）。会议开始前、投票期间、计票期间和会议结束，可以适时播放音乐，其设备应当由专人负责操作。会议期间应当确保照明适合参加会议人员阅读文件。

三是画票使用的笔。为使选票笔迹颜色一致，应统一购买画票使用的笔；也可以在会前提出使用一样笔的要求。

画票不能使用铅笔,笔迹不能是蓝色和黑色以外其他的颜色。

四是封装选票。选举结束后,所有选票应当封装保存,保存期限应当到本届工会委员会换届。应当准备选举结束封装时使用的信封、透明胶带、签字笔等器材。

范例

××(单位名称)第一届会员代表大会
第一次全体会议选举办法

根据《中国工会章程》《工会基层组织选举工作条例》和中华全国总工会有关规定,制定本办法。

一、××(单位名称)工会第一届工会委员会和经费审查委员会,由××(单位名称)第一届会员代表大会第一次全体会议选举产生。选举工作由大会主席团主持。

二、本次会议选举××(单位名称)工会第一届工会委员会委员共××名,按不低于5%的差额比例,提名候选人××名。选举采取差额选举的办法,差额人数为×名。

本次会议选举××(单位名称)工会第一届工会经费审查委员会委员×名,采取等额选举的办法,提名候选人×名。

三、选举采用无记名投票方式。

四、××(单位名称)工会第一届工会委员会委员候选人和经费审查委员会委员候选人,分列两张选票,候选人名单按照姓氏笔画为序排列。一次投票,分别计票,同时宣布选举结果。

五、选举时，参加选举的会员代表人数必须超过应到会人数的三分之二，方可进行。选举不设流动票箱，不得委托他人投票。

六、收回的选票应等于或者少于发出的选票，选举有效；若超过发出的选票，则选举无效，应重新选举。每张选票所选人数等于或者少于应选人数，为有效票；超过应选人数，为无效票；无效票上候选人得票不计入候选人得票数。

七、会员代表对候选人可以表示赞成、不赞成、弃权。表示不赞成的可以另选他人。另选人姓名书写模糊不清的，不计入另选人票。表示弃权的不得另选他人。

八、对候选人表示赞成，在该候选人名字上的方框内画"○"符号；表示不赞成的，在该候选人名字上的方框内画"×"符号；表示弃权的，在该候选人名字上的方框内不画任何符号。对同一候选人，如果既画了赞成符号，又画了不赞成符号，或者画其他符号，按废票统计。对候选人不赞成的，可另选他人。如另选他人，应在"另选人姓名"的长方形框内，填写另选人名字，并在另选人名字上的方框内画"○"（与选票上候选人同姓名的应注明单位）。

九、候选人获得赞成票超过应到会人数半数的，方可当选。候选人获得赞成票超过应到会人数半数的名额超过应选名额时，按照获得赞成票多少顺序，依次确定当选人员。如当选人少于应选名额，剩余名额暂作空缺（或者就空缺名额进行选举)。如最后一个应选名额出现两人或两人以上获得赞成票相等时,以得不赞成票少的确定为当选人;不赞成票数也相等时,均不确定为当选人,待以后再行选举(或者由主席团确定是否重新就得票相等候选人进行投票,以得赞成票多的当选)。

十、投票结束后,由总监票人向大会主持人书面报告收回选票情况,大会主持人宣布选举是否有效。计票结束后,由总监票人按照候选人名单顺序(候选人名单按得票多少为序排列,如果得票相等,按姓氏笔画为序排列),向主持人书面报告计票结果,并向大会宣布;由大会主持人按照得票顺序,向大会宣布当选人员名单。

十一、本届工会委员会和工会经费审查委员会任期内,如届中补选的,适用本办法。

十二、选举设总监票人一名、监票人×名,总计票人一名、计票人×名。总监票人和监票人由工会筹备组从到会的非候选人中提名,提交大会表决通过,负责选举工作全程监督。总计票人和计票人由工会筹备组在工作人员中指定,在监票人监督下进行工作。

十三、在选举过程中,如遇本办法未尽事宜,由大会主席团研究决定。

十四、本办法经××(单位名称)第一届会员代表大会第一次全体会议表决通过后生效。

××（单位名称）第一届会员代表大会
第一次全体会议选举工作主持词

各位代表：

现在进行大会选举，首先请工作人员清点到会人数。（待工作人员递交《到会人数报告单》）

今天应到会的会员代表××人，请假的×人，根据工作人员清点，实际到会××人。根据规定，实际到会的会员代表超过应到会人数的三分之二，会议可以举行。

这次会议有四项议程：

一、通过《××（单位名称）第一届会员代表大会第一次全体会议选举办法（草案）》；

二、分别通过××（单位名称）第一届工会委员会委员和经费审查委员会委员候选人名单；

三、通过总监票人和监票人建议名单；

四、选举××（单位名称）第一届工会委员会委员和经费审查委员会委员。

现在进行第一项议程：通过《××（单位名称）第一届会员代表大会第一次全体会议选举办法（草案）》。

现在请工作人员宣读《选举办法（草案）》。[如大会已经将《选举办法（草案）》印发参加会议人员，可以不再宣读]

各位会员代表对《选举办法（草案）》还有什么意见？有意见，请发表。（稍停）

如果没有意见，现在提请大会进行表决。同意《选举办法（草案）》的请举手，（稍停）请放下；不同意《选举办法（草案）》的请举手，请工作人员清点（如果没有，工作人员讲"没有"；如果有举手的，等工作人员清点报数后，讲"请放下"）；弃权的请举手（同前）。

（根据表决情况，如果没有不同意和弃权的，可以宣布"一致通过"；如果不同意和弃权人数相加少于二分之一，可以宣布"通过"。）

现在进行第二项议程：分别通过××（单位名称）第一届工会委员会委员和经费审查委员会委员候选人名单。

现在我宣读《××（单位名称）第一届工会委员会委员候选人名单》。

大家对这个候选人名单有什么意见？有意见，请发表。（稍停。表决同前）

现在我宣读《××（单位名称）第一届工会经费审查委员会委员候选人名单》。

大家对这个候选人名单有什么意见？有意见，请发表。（稍停。表决同前）

现在进行第三项议程：通过总监票人和监票人建议名单。

大会主席团经征求各代表团和广大会员代表意见，建议×××为总监票人，××、×××为监票人。

大家对这个建议名单有什么意见？有意见，请发表。（稍停。表决同前）

现在我宣布计票人员名单：×××为总计票人。

现在进行第四项议程：选举××单位第一届工会委员

会委员和经费审查委员会委员。

请监票人检查票箱和封箱。（稍等）

请工作人员再次清点到会的会员代表人数，报总监票人。（稍等，总监票人递交《清点人数报告单》）

根据总监票人报告，今天应到会的会员代表××人，实到××人，超过应到会的三分之二，可以进行选举。

现在请工作人员发放选票。（稍等）

现在请大家检查一下，是否都拿到了两张选票：一张是《××（单位名称）第一届工会委员会委员选票》，一张是《××（单位名称）第一届工会经费审查委员会委员选票》。是否有漏发的、多发的？（稍等）

现在请大家注意看选票上的说明，选举工会委员会委员×名，选举经费审查委员会委员×名，每张选票按照规定的数量进行选举，多选为废票。请按照选票下的说明进行画票。

开始画票。（等约五分钟）

大家都画好了吗？（巡视全场后）

现在开始投票，请监票人先投票，然后监督投票。

现在请工作人员引导，开始投票。（待投票完毕）

现在请监票人开启票箱，监督计票人清点选票。（待总监票人递交《清点选票报告单》）

各位代表：根据总监票人报告，今天实际到会××人，发出两种选票各××张，收回《××（单位名称）第一届工会委员会委员选票》××张，收回《××（单位名称）第一届工会经费审查委员会委员选票》××张，等于（或少于）发出的选票数量，按照《选举办法》规定，本次选举有效。

现在请监票人和计票人开始计票。大家原地休息。（如果不是在现场唱票，会场可以播放音乐，也可以播放工会工作专题片。）

（待总监票人递交《计票结果报告单》）现在继续开会。

请总监票人宣读计票结果。

根据《选举办法》的规定和计票结果，现在我宣布《××（单位名称）第一届工会委员会委员当选人员名单》，他们是：……

现在我宣布《××（单位名称）第一届工会经费审查委员会委员当选人员名单》，他们是：……

现在让我们以热烈的掌声对他们的当选表示祝贺。

各位代表：今天全体会议选举工作圆满结束。

现在休会。

××（单位名称）第一届工会会员代表大会
第一次全体会议选票（式样）

××（单位名称）第一届工会委员会委员

选

票

（盖章）

××××年××月××日

（按姓氏笔画为序排列）

符号									
候选人姓名	××	×××	×××××	×××	××	××	×××	×××	
符号									
另选人									

说明：

1. 本选票盖章（应当明确印章名称）有效。

2. 本张选票上，工会委员会委员候选人有×名，应当选举×名，多选为废票。

3. 表示赞成的，在该候选人名字上方的方框内画"○"符号；表示不赞成的，在该候选人名字上方的方框内画"×"符号；表示弃权的，在该候选人名字上方的方框内不画任何符号。

4. 对同一候选人，如果既画了赞成符号，又画了不赞成符号，或者又画了弃权符号，或者画其他符号，按废票统计。

5. 表示不赞成的可以另选他人。另选他人要在另选人的空格内写上另选人姓名，并在其上方空格内画"○"。表示弃权的不得另选他人。

6. 另选人姓名书写模糊不清的，不计入另选人票。另选人姓名与选票上候选人同姓名的应注明单位。

××（单位名称）第一届会员代表大会
第一次全体会议到会人数报告单

（第一次报告使用）

（××××年××月××日××时××分）

通过对现场人员进行清点，今天大会到会情况是：

应到会员代表：×××名；

实到会员代表：×××名；

缺席会员代表：×名。

特此报告。

大会组织组：×××

××××年××月×日

××（单位名称）第一届会员代表大会第一次
全体会议选举清点选票报告单

（提交大会主持人）

本次大会选举，到会会员代表共×××人，共发出《××（单位名称）第一届工会委员会委员选票》×××张，收回×××张，收回的选票和发出的选票数量相等（或小于发出选票的数量）；发出《××（单位名称）第一届工会经费审查委员会委员选票》×××张，收回×××张，收回的选票和发出的选票数量相等（或小于发出选票的数量）。

总监票人：×××

××××年××月××日

××（单位名称）第一届会员代表大会
第一次全体会议选举计票结果报告单

（总监票人向大会主持人报告用）

根据计票结果，本次大会选举，共收回《××（单位名称）第一届工会委员会委员选票》××张，收回选票中有效票为×××张，无效票为×张。收回《××（单位名称）第一届工会经费审查委员会委员选票》××张，收回选票中有效票为××张，无效票为×张。具体得票情况如下：

一、工会委员会

（按照姓氏笔画排列）

候选人姓名	××	×××	×××	××	××	××	×××	×××
得票数								

（按照得票多少顺序排列）

另选人姓名	×××	×××
得票数		

二、经费审查委员会

（略）

总监票人：×××

××××年××月××日

××（单位名称）第一届工会委员会委员当选人员名单

（由大会主持人宣读）

根据××（单位名称）第一届会员代表大会第一次全体会议选举投票结果，以下××位当选××（单位名称）第一届工会委员会委员（按照得票多少顺序排列）：

（名单略）

（工会经费审查委员会当选人员名单略）

××××年××月××日

××（单位名称）第一届会员代表大会
第一次全体会议选举表决事项记录表

应到会人数		实际到会人数			
表决事项	同意人数	不同意人数	弃权人数	是否通过	
《选举办法》					
工会委员会委员候选人名单					
经费审查委员会委员候选人名单					
监票人建议名单					
记录人		时间		年 月 日	

××（单位名称）第一届会员代表大会
第一次全体会议选举发放选票情况记录表

实际到会人数		记录人	
场区人数情况		选票发放情况	
场区	人数	工会委员会委员选票	经费审查委员会委员选票
主席台			
第一区			
……			
第N区			
合计			

年　月　日

××（单位名称）第一届会员代表大会
第一次全体会议选举收回选票情况记录表

实际到会人数		记录人	
选票发放情况		选票收回情况	
工会委员会委员选票	经费审查委员会委员选票	工会委员会委员选票	经费审查委员会委员选票

年　月　日

××（单位名称）第一届会员代表大会
第一次全体会议选举计票情况记录表

发出选票		收回选票		
选票种类	发出数量	收回数量	有效票	无效票
工会委员会委员选票				
经费审查委员会委员选票				
候选人	得票情况			得赞成票总排序	是否当选
	赞成	不赞成	弃权		
××					
×××					
×××					
……					
另选人					
×××	—		—		
×××	—		—		
×××	—		—		
……	—		—		
记录人			时间	年 月 日	

工会委员会第一次全体会议流程

图示

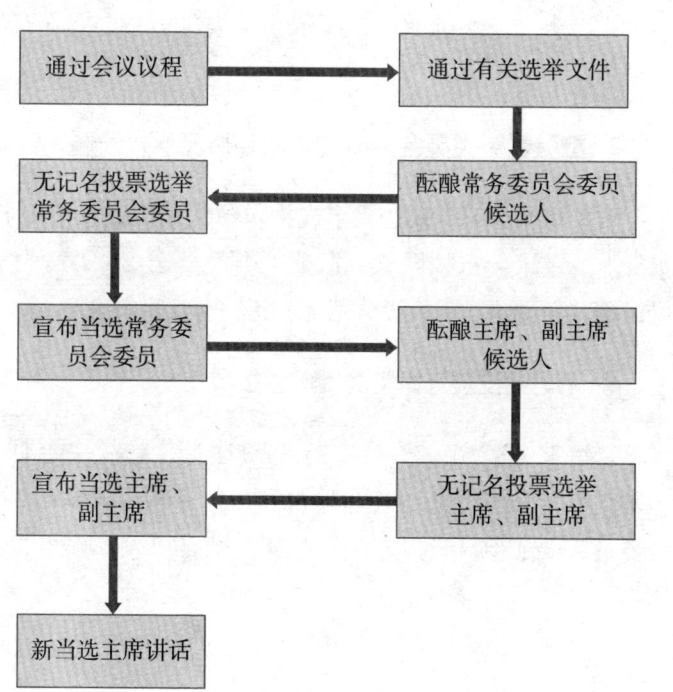

图示解说

1. 通过会议议程

在新当选的工会委员会委员中推举会议主持人,主持委员会第一次全体会议的选举工作。由会议主持人提出会议议程(草案),提请会议表决通过。

2. 通过有关选举文件

由会议主持人提出《选举办法(草案)》、监票人建议名单,经会议酝酿讨论后,提请会议表决通过。宣布计票人名单。

3. 酝酿常务委员会委员(设常委情况下)候选人

常务委员会委员候选人事先由单位党组织或工会提名,报经上一级工会审核同意,提请工会委员会第一次全体会议讨论。经讨论,如果没有意见,提交会议进行选举。

4. 无记名投票选举常务委员会委员

选举常务委员会委员实行差额选举,差额率不低于10%,本届全体委员均有选举权和被选举权。选举时,到会委员人数必须超过应到会委员人数的2/3,方可进行选举。

5. 宣布当选常务委员会委员

投票结束后，监票人当众开启票箱，由监票人和计票人共同清点票数，由监票人向全体委员报告选票发出和收回情况，宣布选举是否有效。计票结束后，由会议主持人宣布当选常务委员会委员。

6. 酝酿主席、副主席候选人

主席、副主席候选人事先应经同级党组织、上一级工会同意，提请工会委员会第一次全体会议讨论，充分听取委员意见后进行正式选举。

7. 无记名投票选举主席、副主席

选举主席、副主席可等额选举，也可以差额选举。选举时，到会委员人数必须超过应到会委员人数的 2/3，方可进行选举。

8. 宣布当选主席、副主席

经过选举，被选举人获得的同意票数超过应到会委员人数的半数，始得当选。计票结束，由监票人向全体委员宣布选举计票结果，由会议主持人向全体委员宣布当选结果。

9. 新当选主席讲话

新当选工会主席讲话，提出工作思路和工作设想，表明做好工会工作的信心和决心。

📌 注意事项

1. 通知所有委员按时到会

基层工会委员会第一次全体会议一般在工会会员代表大会闭幕式前召开。应通知当选委员参加会议。确保参会委员人数。

2. 选好监票人

因监票人必须是非主席、副主席、常委、主任、副主任候选人的委员,而且要熟悉选举工作的流程。因此,会前要熟悉各位委员的状况,以便提出合适的监票人人选。

3. 进行工作分工

工会主席、副主席选举产生后,应当对各位委员的工作进行分工。工会委员会还要提出女职工委员会候选人名单。

📌 范例

××公司第一届工会委员会
第一次全体会议选举办法(草案)

根据《中国工会章程》《工会基层组织选举工作条例》及上级工会有关规定,制定本办法。

1. ××公司第一届工会委员会常务委员、主席、副主席均由××公司第一届工会委员会第一次全体会议选举产生。选举的组织工作由一名当选委员主持。

2. 经××公司党委和上一级工会同意，××公司第一届工会委员会常务委员会由×人组成，设主席1名，副主席1名。

3. ××公司第一届工会委员会第一次全体会议的选举均采取无记名投票方式进行。选举工作分两次进行，先采取差额选举方式选举常务委员，然后采取等额选举方式选举主席、副主席。选举常务委员差额率不低于10%。

4. ××公司第一届工会委员会常务委员候选人，报经××公司党委和上一级工会审核同意，提请××公司第一届工会委员会第一次全体会议酝酿讨论，充分听取委员意见后进行正式选举。

5. 选举常务委员会委员时，本届工会全体委员均有选举权和被选举权；选举主席、副主席时，候选人应是常务委员。

6. 选举时，到会委员人数必须超过应到会委员人数的三分之二，方可进行选举。因故未出席会议的委员不得委托他人代为投票。

7. 设总监票人1名，监票人×名，计票人×名。总监票人、监票人由会议主持人提名，经全体会议表决通过。计票人由会议主持人指定。常务委员会委员、主席、副主席候选人不得担任监票、计票工作。

8. 选举的选票分别为"××公司第一届工会委员会常务委员会委员选票"和"××公司第一届工会委员会主席、副主席选票"。

9. 常务委员会委员选票上所列常务委员会委员候选人按姓氏笔画排序。填写选票时，对候选人同意的，在其姓名上方空格内画"○"；不同意的，在其姓名上方空格内画"×"；弃权的，其姓名上方空格内不画任何符号。对候选人不同意的，可以另选他人。若另选他人，可在另选人的空格内写上被选人的姓名，并在其姓名上方的空格内画"○"。对候选人弃权的，不得另选他人。每张选票所选人数等于或少于应选人数的为有效票，超过应选人数的为无效票。

填写选票符号要准确，字迹要清楚，书写模糊不清、无法确认的，按弃权处理。

10. 投票前，由监票人当众检查票箱。投票时，总监票人、监票人、委员依次投票。投票结束后，监票人当场开启票箱，由监票人和计票人共同清点票数，由总监票人向全体委员报告选票发出和收回情况，并宣布选举是否有效。选举所收回的选票数等于或少于发出的选票数，选举有效；多于发出的选票数，选举无效，应重新进行选举。

11. 经过选举，被选举人获得的同意票数超过应到会委员人数的半数，始得当选。如果得同意票数超过半数的被选举人数少于应选名额时，不足名额暂作空缺。

12. 计票结束，由总监票人向全体委员宣布选举计票结果，由会议主持人向全体委员宣布当选结果。

13. 本办法经××公司第一届工会委员会第一次全体会议通过后生效。

××公司第一届工会委员会主席、副主席选票

符号	
主席候选人	×××

符号	
主席另选人	

符号	
副主席候选人	×××

符号	
副主席另选人	

说明：1. 对候选人同意的，在其姓名上方空格内画"○"；不同意的，在其姓名上方空格内画"×"；弃权的，其姓名上方的空格内不画任何符号。对候选人表示不同意的，可以另选他人，另选他人时，可在另选人的空格内填上被选人的姓名，并在其姓名上方空格内画"○"。对候选人表示弃权的，不得另选他人。

2. 填写选票符号要准确，字迹要清楚，书写模糊不清、无法确认的，按弃权处理。

3. 主席、副主席实行等额选举，主席、副主席各选1人为有效票，超过规定应选名额的选票无效。

××公司第一届工会委员会常务委员会委员选票

（候选人按姓氏笔画排序）

符号						
候选人	×××	×××	×××	×××	×××	×××

符号						
另选人						

说明：1. 对候选人同意的，在其姓名上方空格内画"○"；不同意的，在其姓名上方空格内画"×"；弃权的，其姓名上方的空格内不画任何符号。对候选人表示不同意的，可以另选他人，另选他人时，可在另选人的空格内填上被选人的姓名，并在其姓名上方空格内画"○"。对候选人表示弃权的，不得另选他人。

2. 填写选票符号要准确，字迹要清楚，不要画在两个名字中间，书写模糊不清、无法确认的，按弃权处理。

3. 差额选举，所选人数等于或少于7人为有效票，超过规定应选名额的选票无效。

经费审查委员会
第一次全体会议流程

图示

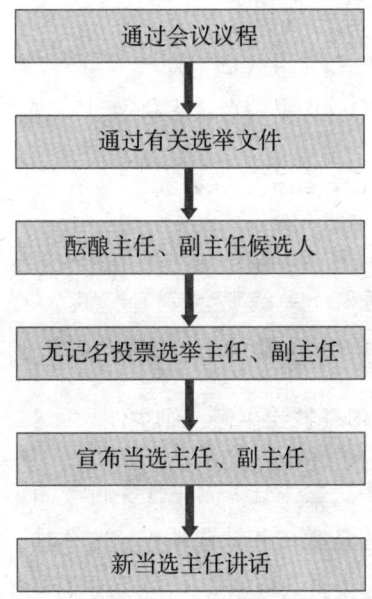

图示解说

1. 通过会议议程

在新当选的经费审查委员会委员中推举会议主持人,主持选举经费审查委员会主任、副主任的工作。由会议主持人提出《经费审查委员会第一次全体会议议程(草案)》,提请会议表决通过。

2. 通过有关选举文件

由会议主持人提出《选举办法(草案)》,监票人名单,经会议酝酿讨论后,提请会议表决通过。宣布计票人名单。

3. 酝酿主任、副主任候选人

经费审查委员会主任、副主任候选人事先由工会委员会提名,报经党委和上一级工会审核同意后,提交经费审查委员会第一次全体会议酝酿讨论,如果没有意见,进行选举。

4. 无记名投票选举主任、副主任

经费审查委员会主任、副主任实行等额选举,经费审查委员会委员均有选举权和被选举权。选举时,到会委员人数必须超过应到会委员人数的2/3,方可进行选举。

5. 宣布当选主任、副主任

经过选举,被选举人获得的同意票数超过应到会委员人数的半数，始得当选。计票结束，由监票人向全体委员宣布选举计票结果，由会议主持人向全体委员宣布当选结果。

6. 新当选主任讲话

新当选主任讲话，提出工作思路和工作设想，表明做好工会经审工作的信心和决心。

注意事项

1. 与工会委员会同步选举

《中国工会章程》第十三条规定，"各级工会代表大会选举产生同级经费审查委员会。"在选举基层工会委员会的同时，应当选举产生同级经费审查委员会。候选人的产生、选举的程序、方法和要求，与选举委员会相同。

2. 把握经费审查委员会的职责与条件

经费审查委员会向会员代表大会负责并报告工作。审查同级工会组织及其直属企业、事业单位的经费收支和资产管理情况，监督财经法纪的贯彻执行和工会经费的使用，并接受上级工会经费审查委员会的指导。

根据《中国工会审计条例》第十三条的规定，"经审会委员由政治素质高、业务能力强、具有相关专业知识的工会干部和会员担任并经民主选举产生……经审会委员中具有审计、财会专业知识的人员一般不少于三分之二。"第十四条规定:"工会主席、分管财务和资产的副主席、财务和资产管理部门的人员,不得担任同级工会经审会委员。"

3. 通知全体委员到会

实践中,有的经费审查委员会委员可能不是会员代表,应提前通知其到会,可以列席会员代表大会。

范例

**××公司工会第×届经费审查委员会
第一次全体会议选举办法(草案)**

根据《中国工会章程》《工会基层组织选举工作条例》及上级工会有关规定,制定本办法。

1. ××公司工会第×届经费审查委员会主任、副主任,由××公司工会第×届经费审查委员会第一次全体会议以无记名投票方式等额选举产生。选举工作由一名当选的经审委员主持。

2. 经××公司党委和上一级工会同意,××公司工会第×届经费审查委员会设主任1名、副主任1名。

3. ××公司工会第×届经费审查委员会主任、副主任候选人,报经××公司党委和上一级工会审核同意后,提交××公司工会第×届经费审查委员会第一次全体会议酝酿讨论,然后进行选举。

4. 凡××公司工会第×届经费审查委员会委员均有选举权和被选举权。

5. 选举时，到会委员人数必须超过应到会委员人数的三分之二，方可进行选举。因故未出席会议的委员不能委托他人代为投票。

6. 选举设监票人1名，计票人1名。监票人由会议主持人提名，经全体会议表决通过。计票人由会议主持人指定。主任、副主任候选人不得担任监票、计票工作。

7. 选举的选票为"××公司工会第×届经费审查委员会主任、副主任选票"。

8. 填写选票时，对候选人同意的，在其姓名上方空格内画"○"；不同意的，在其姓名上方空格内画"×"；弃权的，其姓名上方空格内不画任何符号。对候选人不同意的，可以另选他人。若另选他人，可在另选人的空格内写上被选人的姓名，并在其姓名上方的空格内画"○"。对候选人表示弃权的，不得另选他人。每张选票所选人数等于或少于应选人数的为有效票，超过应选人数的为无效票。

填写选票符号要准确，字迹要清楚，书写模糊不清、无法确认的，按弃权处理。

9. 投票前，由监票人当众检查票箱。投票时，监票人、主持人、委员依次投票。投票结束后，监票人当场开启票箱，由监票人和计票人共同清点票数，由监票人向全体委员报告选票发出和收回情况，并宣布选举是否有效。选举所收回的选票数等于或少于发出的选票数，选举有效；多于发出的选票数，选举无效，应重新进行选举。

10. 经过选举，被选举人获得的同意票数超过应到会委员人数的半数，始得当选。如果得同意票数超过半数的被选举人数少于应选名额时,不足名额暂作空缺。

11. 计票结束,由监票人向全体委员宣布选举计票结果,由会议主持人向全体委员宣布当选结果。

12. 本办法经××公司工会第×届经费审查委员会第一次全体会议通过后生效。

××公司工会第×届经费审查委员会主任、副主任选票

符号	
主任候选人	×××

符号	
主任另选人	

符号	
副主任候选人	×××

符号	
副主任另选人	

说明:1. 对候选人同意的,在其姓名上方空格内画"○";不同意的,在其姓名上方空格内画"×";弃权的,其姓名上方的空格内不画任何符号。对候选人表示不同意的,可以另选他人,另选他人时,可在另选人的空格内填上被选人的姓名,并在其姓名上方空格内画"○"。对候选人表示弃权的,不得另选他人。

2. 填写选票符号要准确,字迹要清楚,书写模糊不清、无法确认的,按弃权处理。

3. 主任、副主任实行等额选举,主任、副主任各选1人为有效票,超过规定应选名额的选票无效。

（届中）年度会员（代表）大会流程

图示

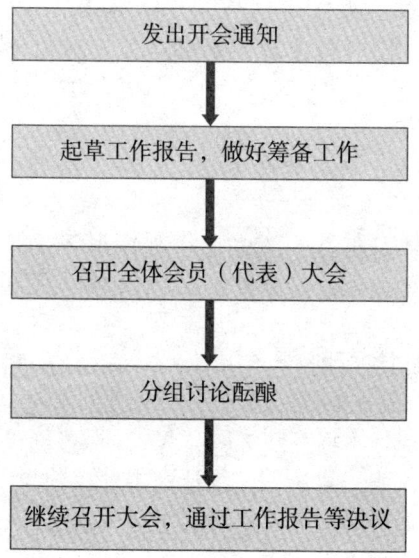

图示解说

1. 发出开会通知

工会委员会研究提出（届中）年度会员代表大会方案，报请同级党组织同意，下发开会通知。方案应强调（届中）年度会员代表大会是实行代表常任制的重要内容。

2. 起草工作报告，做好筹备工作

通知下发后，应着手大会的筹备工作。虽然说是年度会员代表大会，也应该认真细致。要认真起草工作报告、经费收支预算决算情况报告和经费审查委员会工作报告等会议文件。

3. 召开会员代表大会

召开全体会员代表大会，作工作报告、经费收支预算决算情况报告和经费审查委员会工作报告。

4. 分组讨论酝酿

酝酿讨论有关报告和决议（草案），发放建设"职工之家"民主评议表。讨论后，统计民主评议建设"职工之家"情况，工会委员会根据酝酿讨论情况，修改有关文件。

5. 继续召开大会，通过工作报告等决议

继续召开全体大会，通过工作报告、经费收支预算决

算情况报告和经费审查委员会工作报告的决议,报告民主评议建设"职工之家"的情况。

注意事项

1. 关于使用"届"和"次"中需要说明的问题

根据《中国工会章程》第二十六条与《基层工会会员代表大会条例》第五条的规定,会员代表大会实行届期制,每届任期三年或五年,具体任期由会员代表大会决定。会员代表大会任期届满,应按期换届。遇有特殊情况,经上一级工会批准,可以提前或延期换届,延期时间一般不超过半年。会员代表大会每年至少召开一次,经基层工会委员会、三分之一以上的会员或三分之一以上的会员代表提议,可以临时召开会员代表大会。会员代表大会的代表实行常任制,任期与本单位工会委员会相同。

(1)"第N届一次会员(代表)大会"选举产生的工会委员会,称为"第N届工会委员会"。如果不是进行换届,届中召开的会员(代表)大会(如按照《中国工会章程》第二十六条规定,每年召开的会员大会或者会员代表大会),仍然以本届会员(代表)大会召开的全体会议次数排序,应当称为"第N届第×次会员(代表)大会"。

(2)"第N届工会委员会",在届中每次工会委员会的会议称为"第N届工会委员会第×次会议"。工会委员会常务委员会会议、工会委员会主席会议也按此次序排列。

2. 会议议程及时间的确定

基层工会会员（代表）大会一般每年至少召开一次。其议程主要有：审议和批准基层工会委员会的工作报告；审议和批准基层工会委员会和经费审查委员会的工作报告；讨论并决定基层工会工作的重大问题；对基层工会领导人和建设"职工之家"工作进行民主评议和测评。一般会议召开时间为年末或年初。

3. 代表的补选

会员代表因故调离本选区，不能继续履行代表职责，其代表资格自然免除。代表出现缺额，由原选区另行选举产生并报基层工会委员会审查。如因生产布局调整，需增加代表名额时，由基层工会委员会提出增补代表方案，由相关选区另行选举产生，并报基层工会委员会审查。会员代表对本选区会员负责，接受本选区会员监督。本选区会员对违法乱纪和严重失职的会员代表，有权提出罢免要求。

4."评家"办法

会员"评家"通过召开工会会员（代表）大会进行，每年至少评议一次。"评家"主要评议基层工会开展工作、建设"职工之家"的情况，评议工会主席（副主席）履行职责的情况。"评家"前应将评议内容、评议标准告知会员，做好组织发动和准备工作，并向上一级工会报告。工会主席、副主席在工会会员（代表）大会上报告工会工作及建设"职工之家"情况，并就个人履行职责情况进行述职。会员（代表）对工会工作、建设"职工之家"情况和工会主席、副主席进行民主评议，以无记名投票方式进行测评。测评可分为满意、基本满意和不满意三个等次。"评家"的结果应向会员群众公开，报同级党组织和上一级工会，并作为考核基层工会工作和工会主席、副主席的重要依据。

范例

关于××（单位名称）工会委员会进行补选的请示

××（上一级工会）：

　　××工会第一届委员会主席×××，因工作调动，已于××××年××月离开我单位。根据工作需要，拟于近期召开会员代表大会进行补选。

　　经充分酝酿，报经我单位党委同意，拟补选的候选人为××、××。

　　妥否，请批示。

　　附件：××、××情况简介（略）。

××（单位名称）工会委员会
（盖章）
××××年××月××日

关于对××(单位名称)工会委员会
进行补选请示的批复

××(单位名称)工会委员会:

你会《关于××(单位名称)工会委员会进行补选的请示》收悉。

经研究,同意你会于近期召开会员代表大会,进行工会主席补选,同意××、××为候选人。

请按照有关规定,做好选举工作。

此复。

××(上一级工会)

(盖章)

××××年××月××日

工会委员会（届中）会议流程

图示

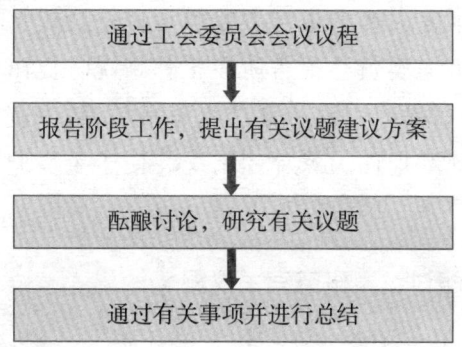

图示解说

1. 通过工会委员会会议议程

工会委员会（届中）会议的议题一般是本届委员会会议需要研究的事项。届中会议一般有三种情况：一是在年末年初召开的同年度工作会议相结合的有下属单位工会负责人参加的委员会扩大会议；二是半年或者季度召开的委员会会议;三是有临时紧急任务而召开的专题性委员会会议。若是前两种情况的委员会届中会议,一般议程是:工会负责人报告工作,介绍有关事项;委员会专题讨论;工会负责人听取汇报,作出说明或者修订完善有关文件;通过有关事项或者报告;会议小结。专题的会议议程则相对简单:工会负责人介绍有关议题(单项工作部署、办法、评选表彰意见草案等);委员会讨论;表决,形成意见;会议小结。

2. 报告阶段工作,提出有关议题建议方案

届中年度或者半年、季度的委员会会议,都应该由工会负责人向委员会报告阶段工作情况,提出有关议题(单项工作部署、办法、评选表彰事项等)的建议方案。应尽可能详细地向大家介绍情况,便于委员们充分发表意见。

3. 酝酿讨论,研究有关议题

对于基层工会的阶段工作,委员会应认真地进行回顾总结,看到成绩,总结经验。若是一般的、常规的议题可以简单讨论;若是有关表彰事项、重要办法与活动安排的议题,应充分发扬民主,经过委员会充分酝酿讨论。委员们要充分发表意见,集思广益;负责人应该充分听取各位委员的意见,对有关事项进行修改完善。

4. 通过有关事项并进行总结

对讨论后基本形成一致意见的事项，应在会议上通过举手表决或无记名投票的方式进行表决，形成会议意见。有的还要在会议后进行公示、上报等。对工作总结和计划安排的讨论情况，则需要负责人在会议小结中专题讲一下大家的意见是什么，采纳了哪些意见，未采纳的必要时可以适当解释一下。

注意事项

1. 降低会议成本

基层工会委员会的届中会议，特别是年末年初的届中年度会议、半年或者季度召开的届中会议，可以请不是委员的上级工会主席列席，或者同工作会议合并进行，或者分阶段衔接召开。若是单项内容或者较简单的议题，则可以用"腾讯会议""钉钉"等软件通过视频会议的形式进行。这样，可以降低开会的人力、物力成本。基层工会委员会届中会议一般也应事先对阶段性工作进行总结，提炼阶段工作经验，分析和研究存在的问题，思考并提出针对性措施，明确下一步的工作重点和努力方向。

2. 可根据工作需要确定重点议题

届中会议的议题有的是落实上级临时安排部署的紧要工作或事项，有的则是基层工会根据基层单位发生的阶段性的重要工作或者紧急任务,从工会的角度拟准备进行的工作。企业和职工是利益共同体,企业的发展符合职工的根本利益和长远利益,工会有责任协助企业和职工把"蛋糕"做大。工会可根据企业的阶段中心工作确定届中会议的议题。

3. 个别事项事前沟通

工会委员会实行民主集中制,可实行"会前酝酿,会议决定"的工作方法。有关表彰的事项,有关工会建设等方面的重大决定,主席和副主席之间,主席和委员之间,在开会之前应该进行必要的沟通,达成共识,争取会上达成一致意见。

范例

××公司工会第×届委员会××年度会议日程

时间	会议内容	报告人	主持人	参加人	地点
××日××上午 8:30—11:00	全体会议 1. 公司工会作工作报告(含经费收支预算决算情况) 2. 公司工会经费审查委员会作工作报告(书面)		工会负责人	与会全体人员	公司文化活动室

续表

时间		会议内容	报告人	主持人	参加人	地点
××日××上午	11:00 | 11:30	分组讨论、审议 1. 公司工会工作报告（含经营收支预算决算情况） 2. 公司工会经费审查委员会工作报告		各组召集人	各组成员	各组讨论地点
	11:30 | 11:40	听取各组讨论情况汇报		工会负责人	公司工会常委、各组召集人	公司文化活动室
	14:00 | 16:30	**全体会议** 1. 经验交流 2. 会议总结		工会负责人	与会全体人员	公司文化活动室

会员评议"职工之家"工作流程

> 🖼 图示

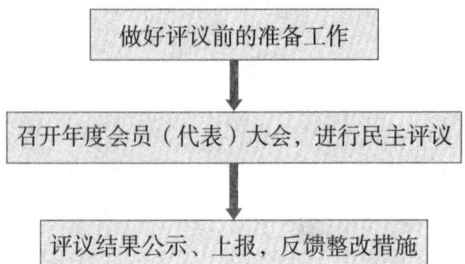

> 🔍 图示解说

1. **做好评议前的准备工作**

依照建设"职工之家"考核标准，结合工会重点工作完成情况，对工会工作和建设"职工之家"活动进行全面总结，起草工会工作报告和建设"职工之家"工作情况报告，工会主席、副主席准备履职情况报告。将评议内容、评议标准通过公开公示或会议等形式，告知会员群众，做好评议"职工之家"活动的组织发动和准备工作，并向同级党组织和上级工会报告相关情况。

2. 召开年度会员（代表）大会，进行民主评议

召开会员（代表）大会，会员（代表）到会须超过应到会人数的三分之二方可召开会议。工会主席、副主席在会员（代表）大会上报告工会工作及建设"职工之家"情况，并就个人履行职责情况进行述职。会员（代表）对工会工作、建设"职工之家"情况和工会主席、副主席在进行民主评议的基础上，以无记名投票方式进行测评。测评可分为满意、基本满意和不满意三个等次，及时公布民主测评结果。

3. 评议结果公示、上报，反馈整改措施

会员民主评议"职工之家"的结果应以书面形式报同级党组织和上一级工会，报告中应包括会议召开时间、地点、参加人数、详细的评议测评结果。评议结果并作为考核基层工会工作和工会主席、副主席的重要依据。对会员群众民主评议、民主测评反映的突出问题，该基层工会应向会员（代表）群众反馈整改措施。

注意事项

1. 充分认识会员"评家"的重要意义

会员"评家"是加强工会与会员群众联系和基层工会民主建设的重要内容，有利于发扬会员民主；有利于会员

知情权、参与权、监督权的落实；有利于坚持完善会员（代表）大会制度和会员代表常任制，推进基层工会决策的民主化、科学化。会员"评家"也是推进建设"职工之家"深入发展的有效机制，有利于创新建设"职工之家"工作机制，充分调动会员群众参与工会活动的热情，使基层工会工作更加富有生机和活力。

2. 把握会员"评家"的主要内容

会员"评家"的基本内容应有以下几方面：一是健全组织体系，二是促进改革、创新和发展，三是履行维权职责，四是实施素质工程，五是服务职工群众，六是加强自身建设。

3. 充分发挥会员"评家"的激励与约束作用

应把会员民主测评满意等次作为评价基层工会工作和评选先进的依据。对会员民主测评满意率低的基层工会，限其一年内进行整改；整改之后会员仍不满意的，对已获得合格、先进、模范"职工之家"称号的，上级工会可撤销其称号。对会员测评满意率低的工会主席、副主席，所在单位党组织和上一级工会应在核实的基础上对其进行诫勉谈话；连续两年会员仍不满意的，应按照工会章程和有关规定程序对工会主席、副主席进行调整。基层单位申报工会系统评选表彰的各类先进，会员"评家"必须达到满意等次。

会员"评家"民主测评表

基层工会：　　　　　　　　　　　　　　　　　　年　月　日

	测评主要内容	满意	基本满意	不满意
组织健全	基层工会委员会、经费审查委员会、女职工委员会等组织健全；按要求配备专职工会干部，单独设置工会工作机构。			
	工会主席、副主席委员的产生符合有关规定，工会委员会按期换届选举。			
	依法进行工会法人资格、工会法人代表登记和变更登记。			
	依法单独开设工会账户，独立使用工会经费。			
	二级单位建会率达100%；职工入会率达90%以上。			
制度落实	建立完善工资集体协商制度和平等协商、集体合同制度。			
	坚持和完善以职工代表大会为基本形式的民主管理制度，推行厂务公开，落实职工董事、职工监事制度，严格落实职工代表大会的各项职权。			

续表

测评主要内容		满意	基本满意	不满意
制度落实	坚持预防为主、调解为主、基层为主，建立健全基层劳动争议调解委员会各种工作制度，依法妥善处理劳动争议纠纷，提供法律援助，指导和帮助职工签订劳动合同。			
	坚持工会委员会向会员代表大会报告工作制度；会员代表大会每年至少召开一次会议，不得以职代会代替会员代表大会。			
	工会委员会每季度至少召开一次会议，设立常委会的要坚持常委会向全委会报告工作制度。			
作用明显	以"新时代建功立业活动"为载体，深入开展"劳模创新工作室""工人先锋号""我为节能减排作贡献"等活动，推动企事业单位发展。			
	广泛开展合理化建议、技术创新、技术协作和发明创造等群众性经济技术创新活动，激发干部职工的创新活力。			
	做好劳动模范（先进工作者）的培养、评选、表彰、宣传和管理工作，激励职工立足岗位、建功立业。			

续表

测评主要内容		满意	基本满意	不满意
作用明显	发挥工会"大学校"作用,提高职工整体素质。深入开展"创建学习型组织,争做知识型职工"活动,保证职工每年有一定的时间接受教育培训,职工文化体育活动丰富多彩。			
	积极开展工会干部的教育培训工作,做到制度保证、计划落实、重点突出、形式多样,努力提高工会干部的综合素质。			
	竭诚服务职工群众,积极反映职工的意愿和要求,积极开展帮困救助与送温暖工作,履行帮扶特困职工"第一知情人""第一报告人""第一协调人"的职责。			
	督促单位为职工按时足额缴纳社会保险费。			
	协助和监督本单位严格执行国家和地方关于劳动工资、工作时间、社会保障、职业安全卫生、女职工和未成年工特殊保护等各项法律法规。			
	积极参加工会兴办的职工互助补充保障(险)计划、开展单位内部职工医疗救助工作。			

续表

测评主要内容		满意	基本满意	不满意
作用明显	关心困难职工在生活、就业和再就业、子女教育、就医等方面遇到的暂时困难，切实为他们排忧解难。			
对本单位当年度"建家"工作的综合评价：				
对本年度单位工会工作的其他意见：				
对下一年度单位工会工作有何建议：				

注：请根据测评内容，在"满意""不满意""基本满意"3列中选择一项打"√"；其他意见及建议，如有就填，如没有可不填。

工会主席、副主席民主测评表

基层工会：　　　　　　　　　　　　　　　　　　　　　年　月　日

姓名	工会职务	总体评价	测评内容				有何意见和建议
			政治思想品德及廉洁自律情况	完成年度工作情况	工会业务熟练程度及组织协调、沟通能力	维护职工合法权益，为会员群众说话、办事、服务情况	
		□满意 □基本满意 □不满意	□满意 □基本满意 □不满意	□满意 □基本满意 □不满意	□满意 □基本满意 □不满意	□满意 □基本满意 □不满意	
		□满意 □基本满意 □不满意	□满意 □基本满意 □不满意	□满意 □基本满意 □不满意	□满意 □基本满意 □不满意	□满意 □基本满意 □不满意	
		□满意 □基本满意 □不满意	□满意 □基本满意 □不满意	□满意 □基本满意 □不满意	□满意 □基本满意 □不满意	□满意 □基本满意 □不满意	
		□满意 □基本满意 □不满意	□满意 □基本满意 □不满意	□满意 □基本满意 □不满意	□满意 □基本满意 □不满意	□满意 □基本满意 □不满意	

注：请根据测评内容，在"□"打"√"。

会员"评家"民主测评结果报告表

基层工会（盖章）＿＿＿＿＿＿＿＿＿＿＿＿＿＿＿＿＿＿＿

职工人数＿＿＿＿＿＿＿＿＿＿＿，会员人数＿＿＿＿＿＿＿＿＿

会议名称＿＿＿＿＿＿＿＿＿＿＿＿＿＿＿＿＿＿＿＿＿＿＿

会议时间＿＿＿＿＿＿＿＿＿＿＿＿＿＿＿＿＿＿＿＿＿＿＿

会员（代表）总数＿＿＿＿＿＿，参会会员（代表）人数＿＿＿＿＿＿

发出票总数＿＿＿＿＿＿＿＿＿，收回票总数＿＿＿＿＿＿＿＿＿

测评对象与内容	满意票数	基本满意票数	不满意票数
建设"职工之家"情况测评			
工会主席履职情况测评			
工会副主席履职情况测评			
有关说明			

监票员签名：　　　　　　　　　　　计票员签名：

　　　　　　　　　　　　　　　　　　　年　月　日

注：工会委员会委员不得担任本级工会开展会员"评家"活动的监票员、计票员。

附 录

中国工会章程

(2018年10月26日中国工会
第十七次全国代表大会通过)

总 则

中国工会是中国共产党领导的职工自愿结合的工人阶级群众组织,是党联系职工群众的桥梁和纽带,是国家政权的重要社会支柱,是会员和职工利益的代表。

中国工会以宪法为根本活动准则,按照《中华人民共和国工会法》和本章程独立自主地开展工作,依法行使权利和履行义务。

工人阶级是我国的领导阶级,是先进生产力和生产关系的代表,是中国共产党最坚实最可靠的阶级基础,是改革开放和社会主义现代化建设的主力军,是维护社会安定的强大而集中的社会力量。中国工会高举中国特色社会主义伟大旗帜,以马克思列宁主义、毛泽东思想、邓小平理论、"三个代表"重要思想、科学发展观、习近平新时代中国特色社会主义思想为指导,贯彻执行党的以经济建设为中心,坚持四项基本原则,坚持改革开放的基本路线,保持和增强政治性、先进性、群众性,坚定不移地走中国特色社会主义工会发展道路，推动党的全心全意依靠工人阶级的根本指导方针的贯彻落实，全面履行工会的社会职能，在维护全国人民总体利益的同时，更好地表达和维护职工的具体利益，团结和动员全国职工自力更生、艰苦创业，坚持和发展中国特色社会主义，为全面建成小康社会、把我国建设成为富强民主文明和谐美丽的社会主义现代化强国、实现中华民族伟大复兴的中国梦而奋斗。

中国工会坚持自觉接受中国共产党的领导，承担团结引导职工群众听党话、跟党走的政治责任，巩固和扩大党执政的阶级基础和群众基础。

中国工会的基本职责是维护职工合法权益、竭诚服务职工群众。

中国工会按照中国特色社会主义事业"五位一体"总体布局和"四个全面"战略布局，贯彻创新、协调、绿色、开放、共享的发展理念，把握为实现中华民族伟大复兴的中国梦而奋斗的工人运动时代主题，弘扬劳模精神、劳动精神、工匠精神，动员和组织职工积极参加建设和改革，努力促进经济、政治、文化、社会和生态文明建设；代表和组织职工参与国家和社会事务管理，参与企业、事业单位和机关的民主管理；教育职工践行社会主义核心价值观，不断提高思想道德素质、科学文化素质和技术技能素质，推进产业工人队伍建设改革，建设有理想、有道德、有文化、有纪律的职工队伍，不断发展工人阶级先进性。

中国工会以忠诚党的事业、竭诚服务职工为己任，坚持组织起来、切实维权的工作方针，坚持以职工为本、主动依法科学维权的维权观，促进完善社会主义劳动法律，维护职工的经济、政治、文化和社会权利，参与协调劳动关系和社会利益关系，推动构建和谐劳动关系，促进经济高质量发展和社会的长期稳定，维护工人阶级和工会组织的团结统一，为构建社会主义和谐社会作贡献。

中国工会维护工人阶级领导的、以工农联盟为基础的人民民主专政的社会主义国家政权，协助人民政府开展工作，依法发挥民主参与和社会监督作用。

中国工会在企业、事业单位中，按照促进企事业发展、维护职工权益的原则，支持行政依法行使管理权力，组织职工参加民主管理和民主监督，与行政方面建立协商制度，保障职工的合法权益，调动职工的积极性，促进企业、事业的发展。

中国工会实行产业和地方相结合的组织领导原则，坚持民主集中制。

中国工会坚持以改革创新精神加强自身建设，构建联系广泛、服务职工的工作体系，增强团结教育、维护权益、服务职工的功能，坚持群众化、民主化，保持同会员群众的密切联系，依靠会员群众开展工会工作。各级工会领导机关坚持把工作重点放到基层，着力扩大覆盖面、增强代表性，着力强化服务意识、提高维权能力，着力加强队伍建设、提升保障水平，坚持服务职工群众的工作生命线，全心全意为基层、为职工服务，构建智慧工会，增强基层工会的吸引力凝聚力战斗力，把工会组织建设得更加充满活力、更加坚强有力，成为深受职工群众信赖的学习型、服务型、创新型"职工之家"。

工会兴办的企业、事业,坚持公益性、服务性,坚持为改革开放和发展社会生产力服务,为职工群众服务,为推进工运事业服务。

中国工会努力巩固和发展工农联盟,坚持最广泛的爱国统一战线,加强包括香港特别行政区同胞、澳门特别行政区同胞、台湾同胞和海外侨胞在内的全国各族人民的大团结,促进祖国的统一、繁荣和富强。

中国工会在国际事务中坚持独立自主、互相尊重、求同存异、加强合作、增进友谊的方针,在独立、平等、互相尊重、互不干涉内部事务的原则基础上,广泛建立和发展同国际和各国工会组织的友好关系,积极参与"一带一路"建设,增进我国工人阶级同各国工人阶级的友谊,同全世界工人和工会一起,在推动构建人类命运共同体中发挥作用,为世界的和平、发展、合作、工人权益和社会进步而共同努力。

中国工会落实新时代党的建设总要求,以党的政治建设为统领,全面加强党的建设,增强政治意识、大局意识、核心意识、看齐意识,坚定道路自信、理论自信、制度自信、文化自信,坚决维护习近平总书记党中央的核心、全党的核心地位,坚决维护党中央权威和集中统一领导,在思想上政治上行动上同以习近平同志为核心的党中央保持高度一致。

第一章 会 员

第一条 凡在中国境内的企业、事业单位、机关和其他社会组织中,以工资收入为主要生活来源或者与用人单位建立劳动关系的体力劳动者和脑力劳动者,不分民族、种族、性别、职业、宗教信仰、教育程度,承认工会章程,都可以加入工会为会员。

第二条 职工加入工会,由本人自愿申请,经工会基层委员会批准并发给会员证。

第三条 会员享有以下权利:

(一)选举权、被选举权和表决权。

(二)对工会工作进行监督,提出意见和建议,要求撤换或者罢免不称职的工会工作人员。

(三)对国家和社会生活问题及本单位工作提出批评与建议,要求工会组织向有关方面如实反映。

(四)在合法权益受到侵犯时,要求工会给予保护。

(五)工会提供的文化、教育、体育、旅游、疗休养、互助保障、生活救助、法律服务、就业服务等优惠待遇;工会给予的各种奖励。

(六)在工会会议和工会媒体上,参加关于工会工作和职工关心问题的讨论。

第四条 会员履行下列义务:

(一)认真学习贯彻习近平新时代中国特色社会主义思想,学习政治、经济、文化、法律、科学、技术和工会基本知识等。

（二）积极参加民主管理，努力完成生产和工作任务，立足本职岗位建功立业。

（三）遵守宪法和法律，践行社会主义核心价值观，弘扬中华民族传统美德，恪守社会公德、职业道德、家庭美德、个人品德，遵守劳动纪律。

（四）正确处理国家、集体、个人三者利益关系，向危害国家、社会利益的行为作斗争。

（五）维护中国工人阶级和工会组织的团结统一，发扬阶级友爱，搞好互助互济。

（六）遵守工会章程，执行工会决议，参加工会活动，按月交纳会费。

第五条 会员组织关系随劳动（工作）关系变动，凭会员证明接转。

第六条 会员有退会自由。会员退会由本人向工会小组提出，由工会基层委员会宣布其退会并收回会员证。

会员没有正当理由连续六个月不交纳会费、不参加工会组织生活，经教育拒不改正，应当视为自动退会。

第七条 对不执行工会决议、违反工会章程的会员，给予批评教育。对严重违法犯罪并受到刑事处分的会员，开除会籍。开除会员会籍，须经工会小组讨论，提出意见，由工会基层委员会决定，报上一级工会备案。

第八条 会员离休、退休和失业，可保留会籍。保留会籍期间免交会费。

工会组织要关心离休、退休和失业会员的生活，积极向有关方面反映他们的愿望和要求。

第二章　组织制度

第九条　中国工会实行民主集中制，主要内容是：

（一）个人服从组织，少数服从多数，下级组织服从上级组织。

（二）工会的各级领导机关，除它们派出的代表机关外，都由民主选举产生。

（三）工会的最高领导机关，是工会的全国代表大会和它所产生的中华全国总工会执行委员会。工会的地方各级领导机关，是工会的地方各级代表大会和它所产生的总工会委员会。

（四）工会各级委员会，向同级会员大会或者会员代表大会负责并报告工作，接受会员监督。会员大会和会员代表大会有权撤换或者罢免其所选举的代表和工会委员会组成人员。

（五）工会各级委员会，实行集体领导和分工负责相结合的制度。凡属重大问题由委员会民主讨论，作出决定，委员会成员根据集体的决定和分工，履行自己的职责。

（六）工会各级领导机关，加强对下级组织的领导和服务，经常向下级组织通报情况，听取下级组织和会员的意见，研究和解决他们提出的问题。下级组织应及时向上级组织请示报告工作。

第十条　工会各级代表大会的代表和委员会的产生，要充分体现选举人的意志。候选人名单，要反复酝酿，充分讨论。选举采用无记名投票方式，可以直接采用候选人数多于应选人数的差额选举办法进行正式选举，也可以先采用差额选举办法进行预选，产生候选人名单，然后进行正式选举。任何组织和个人，不得以任何方式强迫选举人选举或不选举某个人。

第十一条 中国工会实行产业和地方相结合的组织领导原则。同一企业、事业单位、机关和其他社会组织中的会员，组织在一个工会基层组织中；同一行业或者性质相近的几个行业，根据需要建立全国的或者地方的产业工会组织。除少数行政管理体制实行垂直管理的产业，其产业工会实行产业工会和地方工会双重领导，以产业工会领导为主外，其他产业工会均实行以地方工会领导为主，同时接受上级产业工会领导的体制。各产业工会的领导体制，由中华全国总工会确定。

省、自治区、直辖市，设区的市和自治州，县（旗）、自治县、不设区的市建立地方总工会。地方总工会是当地地方工会组织和产业工会地方组织的领导机关。全国建立统一的中华全国总工会。中华全国总工会是各级地方总工会和各产业工会全国组织的领导机关。

中华全国总工会执行委员会委员和产业工会全国委员会委员实行替补制，各级地方总工会委员会委员和地方产业工会委员会委员，也可以实行替补制。

第十二条 县和县以上各级地方总工会委员会，根据工作需要可以派出代表机关。

县和县以上各级工会委员会，在两次代表大会之间，认为有必要时，可以召集代表会议，讨论和决定需要及时解决的重大问题。代表会议代表的名额和产生办法，由召集代表会议的总工会决定。

全国产业工会、各级地方产业工会、乡镇工会和城市街道工会的委员会，可以按照联合制、代表制原则，由下一级工会组织民主选举的主要负责人和适当比例的有关方面代表组成。

上级工会可以派员帮助和指导用人单位的职工组建工会。

第十三条 各级工会代表大会选举产生同级经费审查委员会。中华全国总工会经费审查委员会设常务委员会，省、自治区、直辖市总工会经费审查委员会和独立管理经费的全国产业工会经费审查委员会，应当设常务委员会。经费审查委员会负责审查同级工会组织及其直属企业、事业单位的经费收支和资产管理情况，监督财经法纪的贯彻执行和工会经费的使用，并接受上级工会经费审查委员会的指导和监督。工会经费审查委员会向同级会员大会或会员代表大会负责并报告工作；在大会闭会期间，向同级工会委员会负责并报告工作。

上级经费审查委员会应当对下一级工会及其直属企业、事业单位的经费收支和资产管理情况进行审查。

中华全国总工会经费审查委员会委员实行替补制，各级地方总工会经费审查委员会委员和独立管理经费的产业工会经费审查委员会委员，也可以实行替补制。

第十四条 各级工会建立女职工委员会，表达和维护女职工的合法权益。女职工委员会由同级工会委员会提名，在充分协商的基础上组成或者选举产生,女职工委员会与工会委员会同时建立,在同级工会委员会领导下开展工作。企业工会女职工委员会是县或者县以上妇联的团体会员,通过县以上地方工会接受妇联的业务指导。

第十五条 县和县以上各级工会组织应当建立法律服务机构,为保护职工和工会组织的合法权益提供服务。

各级工会组织应当组织和代表职工开展劳动法律监督。

第十六条 成立或者撤销工会组织,必须经会员大会或者会员代表大会通过,并报上一级工会批准。工会基层组织所在的企业终止,或者所在的事业单位、机关和其他社会组织被撤销,该工会组织相应撤销,并报上级工会备案。其他组织和个人不得随意撤销工会组织,也不得把工会组织的机构撤销、合并或者归属其他工作部门。

第三章 全国组织

第十七条 中国工会全国代表大会,每五年举行一次,由中华全国总工会执行委员会召集。在特殊情况下,由中华全国总工会执行委员会主席团提议,经执行委员会全体会议通过,可以提前或者延期举行。代表名额和代表选举办法由中华全国总工会决定。

第十八条 中国工会全国代表大会的职权是:

(一)审议和批准中华全国总工会执行委员会的工作报告。

(二)审议和批准中华全国总工会执行委员会的经费收支情况报告和经费审查委员会的工作报告。

（三）修改中国工会章程。

（四）选举中华全国总工会执行委员会和经费审查委员会。

第十九条 中华全国总工会执行委员会，在全国代表大会闭会期间，负责贯彻执行全国代表大会的决议，领导全国工会工作。

执行委员会全体会议选举主席一人、副主席若干人、主席团委员若干人，组成主席团。

执行委员会全体会议由主席团召集，每年至少举行一次。

第二十条 中华全国总工会执行委员会全体会议闭会期间，由主席团行使执行委员会的职权。主席团全体会议，由主席召集。

主席团闭会期间，由主席、副主席组成的主席会议行使主席团职权。主席会议由中华全国总工会主席召集并主持。

主席团下设书记处，由主席团在主席团成员中推选第一书记一人，书记若干人组成。书记处在主席团领导下，主持中华全国总工会的日常工作。

第二十一条 产业工会全国组织的设置，由中华全国总工会根据需要确定。

产业工会全国委员会的建立，经中华全国总工会批准，可以按照联合制、代表制原则组成，也可以由产业工会全国代表大会选举产生。全国委员会每届任期五年。任期届满，应当如期召开会议，进行换届选举。在特殊情况下，经中华全国总工会批准，可以提前或者延期举行。

产业工会全国代表大会和按照联合制、代表制原则组成的产业工会全国委员会全体会议的职权是：审议和批准产业工会全国委员会的工作报告；选举产业工会全国委员会或者产业工会全国委员会常务委员会。独立管理经费的产业工会，选举经费审查委员会，并向产业工会全国代表大会或者委员会全体会议报告工作。产业工会全国委员会常务委员会由主席一人、副主席若干人、常务委员若干人组成。

第四章 地方组织

第二十二条 省、自治区、直辖市，设区的市和自治州，县（旗）、自治县、不设区的市的工会代表大会，由同级总工会委员会召集，每五年举行一次。在特殊情况下，由同级总工会委员会提议，经上一级工会批准，可以提前或者延期举行。工会的地方各级代表大会的职权是：

（一）审议和批准同级总工会委员会的工作报告。

（二）审议和批准同级总工会委员会的经费收支情况报告和经费审查委员会的工作报告。

（三）选举同级总工会委员会和经费审查委员会。

各级地方总工会委员会，在代表大会闭会期间，执行上级工会的决定和同级工会代表大会的决议，领导本地区的工会工作，定期向上级总工会委员会报告工作。

根据工作需要，省、自治区总工会可在地区设派出代表机关。直辖市和设区的市总工会在区一级建立总工会。

县和城市的区可在乡镇和街道建立乡镇工会和街道工会组织,具备条件的,建立总工会。

第二十三条 各级地方总工会委员会选举主席一人、副主席若干人、常务委员若干人,组成常务委员会。工会委员会、常务委员会和主席、副主席以及经费审查委员会的选举结果,报上一级总工会批准。

各级地方总工会委员会全体会议,每年至少举行一次,由常务委员会召集。各级地方总工会常务委员会,在委员会全体会议闭会期间,行使委员会的职权。

第二十四条 各级地方产业工会组织的设置,由同级地方总工会根据本地区的实际情况确定。

第五章 基层组织

第二十五条 企业、事业单位、机关和其他社会组织等基层单位,应当依法建立工会组织。社区和行政村可以建立工会组织。从实际出发,建立区域性、行业性工会联合会,推进新经济组织、新社会组织工会组织建设。

有会员二十五人以上的,应当成立工会基层委员会;不足二十五人的,可以单独建立工会基层委员会,也可以由两个以上单位的会员联合建立工会基层委员会,也可以选举组织员或者工会主席一人,主持基层工会工作。工会基层委员会有女会员十人以上的建立女职工委员会,不足十人的设女职工委员。

职工二百人以上企业、事业单位的工会设专职工会主席。工会专职工作人员的人数由工会与企业、事业单位协商确定。

基层工会具备法人条件,依法取得社团法人资格,工会主席为法定代表人。

第二十六条 工会基层组织的会员大会或者会员代表大会,每年至少召开一次。经基层工会委员会或者三分之一以上的工会会员提议,可以临时召开会员大会或者会员代表大会。工会会员在一百人以下的基层工会应当召开会员大会。

工会会员大会或者会员代表大会的职权是:

(一)审议和批准工会基层委员会的工作报告。

(二)审议和批准工会基层委员会的经费收支情况报告和经费审查委员会的工作报告。

(三)选举工会基层委员会和经费审查委员会。

(四)撤换或者罢免其所选举的代表或者工会委员会组成人员。

(五)讨论决定工会工作的重大问题。

工会基层委员会和经费审查委员会每届任期三年至五年,具体任期由会员大会或者会员代表大会决定。任期届满,应当如期召开会议,进行换届选举。在特殊情况下,经上一级工会批准,可以提前或者延期举行。

会员代表大会的代表实行常任制,任期与本单位工会委员会相同。

第二十七条 工会基层委员会的委员,应当在会员或者会员代表充分酝酿协商的基础上选举产生;主席、副主席,可以由会员大会或者会员代表大会直接选举产生,也可以由工会基层委员会选举产生。大型企业、事业单位的工会委员会,根据工作需要,经上级工会委员会批准,可以设立常务委员会。工会基层委员会、常务委员会和主席、副主席以及经费审查委员会的选举结果,报上一级工会批准。

第二十八条 工会基层委员会的基本任务是:

(一)执行会员大会或者会员代表大会的决议和上级工会的决定,主持基层工会的日常工作。

(二)代表和组织职工依照法律规定,通过职工代表大会、厂务公开和其他形式,参加本单位民主管理和民主监督,在公司制企业落实职工董事、职工监事制度。企业、事业单位工会委员会是职工代表大会工作机构,负责职工代表大会的日常工作,检查、督促职工代表大会决议的执行。

(三)参与协调劳动关系和调解劳动争议,与企业、事业单位行政方面建立协商制度,协商解决涉及职工切身利益问题。帮助和指导职工与企业、事业单位行政方面签订和履行劳动合同,代表职工与企业、事业单位行政方面签订集体合同或者其他专项协议,并监督执行。

(四)组织职工开展劳动和技能竞赛、合理化建议、技能培训、技术革新和技术协作等活动,培育工匠人才,总结推广先进经验。做好劳动模范和先进生产(工作)者的评选、表彰、培养和管理服务工作。

(五)加强对职工的政治引领和思想教育,开展法治宣传教育,重视人文关怀和心理疏导,鼓励支持职工学习文化科学技术和管理知识,开展健康的文化体育活动。推进企业文化职工文化建设,办好工会文化、教育、体育事业。

(六)监督有关法律、法规的贯彻执行。协助和督促行政方面做好工资、安全生产、职业病防治和社会保险等方面的工作,推动落实职工福利待遇。办好职工集体福利事业,改善职工生活,对困难职工开展帮扶。依法参与生产安全事故和职业病危害事故的调查处理。

(七)维护女职工的特殊利益,同歧视、虐待、摧残、迫害女职工的现象作斗争。

(八)搞好工会组织建设,健全民主制度和民主生活。建立和发展工会积极分子队伍。做好会员的发展、接收、教育和会籍管理工作。加强职工之家建设。

(九)收好、管好、用好工会经费,管理好工会资产和工会的企业、事业。

第二十九条 教育、科研、文化、卫生、体育等事业单位和机关工会,从脑力劳动者比较集中的特点出发开展工作,积极了解和关心职工的思想、工作和生活,推动党的知识分子政策的贯彻落实。组织职工搞好本单位的民主管理和民主监督,为发挥职工的聪明才智,创造良好的条件。

第三十条 工会基层委员会根据工作需要,可以在分厂、车间(科室)建立分厂、车间(科室)工会委员会。分厂、车间(科室)工会委员会由分厂、车间(科室)会员大会或者会员代表大会选举产生,任期和工会基层委员会相同。

工会基层委员会和分厂、车间（科室）委员会，可以根据需要设若干专门委员会或者专门小组。

按照生产（行政）班组建立工会小组，民主选举工会小组长，积极开展工会小组活动。

第六章　工会干部

第三十一条　各级工会组织按照革命化、年轻化、知识化、专业化的要求，努力建设一支坚持党的基本路线，熟悉本职业务，热爱工会工作，受到职工信赖的干部队伍。

第三十二条　工会干部要努力做到：

（一）认真学习马克思列宁主义、毛泽东思想、邓小平理论、"三个代表"重要思想、科学发展观、习近平新时代中国特色社会主义思想，学习政治、经济、历史、文化、科技、法律和工会业务等知识，提高政治能力，增强群众工作本领。

（二）执行党的基本路线和各项方针政策，遵守国家法律、法规，在改革开放和社会主义现代化建设中勇于开拓创新。

（三）信念坚定，忠于职守，勤奋工作，敢于担当，廉洁奉公，顾全大局，维护团结。

（四）坚持实事求是，认真调查研究，如实反映职工的意见、愿望和要求。

（五）坚持原则，不谋私利，热心为职工说话办事，依法维护职工的合法权益。

（六）作风民主，联系群众，增强群众意识和群众感情，自觉接受职工群众的批评和监督。

第三十三条 各级工会组织根据有关规定管理工会干部，重视发现培养和选拔优秀年轻干部、女干部、少数民族干部，成为培养干部的重要基地。

基层工会主席、副主席任期未满不得随意调动其工作。因工作需要调动时，应事先征得本级工会委员会和上一级工会同意。

第三十四条 各级工会组织建立与健全干部培训制度。办好工会干部院校和各种培训班。

第三十五条 各级工会组织关心工会干部的思想、学习和生活，督促落实相应的待遇，支持他们的工作，坚决同打击报复工会干部的行为作斗争。

县和县以上工会设立工会干部权益保障金，保障工会干部依法履行职责。

县和县以上工会可以为基层工会选派、聘用工作人员。

第七章　工会经费和资产

第三十六条 工会经费的来源：

（一）会员交纳的会费。

（二）企业、事业单位、机关和其他社会组织按全部职工工资总额的百分之二向工会拨缴的经费或者建会筹备金。

（三）工会所属的企业、事业单位上缴的收入。

（四）人民政府和企业、事业单位、机关和其他社会组织的补助。

（五）其他收入。

第三十七条 工会经费主要用于为职工服务和开展工会活动。各级工会组织应坚持正确使用方向，加强预算管理，优化支出结构，开展监督检查。

第三十八条 县和县以上各级工会应当与税务、财政等有关部门合作，依照规定做好工会经费收缴和应当由财政负担的工会经费拨缴工作。

未成立工会的企业、事业单位、机关和其他社会组织，按工资总额的百分之二向上级工会拨缴工会建会筹备金。

具备社团法人资格的工会应当依法设立独立经费账户。

第三十九条 工会资产是社会团体资产，中华全国总工会对各级工会的资产拥有终极所有权。各级工会依法依规加强对工会资产的监督、管理，保护工会资产不受损害，促进工会资产保值增值。根据经费独立原则，建立预算、决算、资产监管和经费审查监督制度。实行"统一领导、分级管理"的财务体制、"统一所有、分级监管、单位使用"的资产监管体制和"统一领导、分级管理、分级负责、下审一级"的经费审查监督体制。工会经费、资产的管理和使用办法以及工会经费审查监督制度，由中华全国总工会制定。

第四十条 各级工会委员会按照规定编制和审批预算、决算，定期向会员大会或者会员代表大会和上一级工会委员会报告经费收支和资产管理情况，接受上级和同级工会经费审查委员会审查监督。

第四十一条 工会经费、资产和国家及企业、事业单位等拨给工会的不动产和拨付资金形成的资产受法律保护，任何单位和个人不得侵占、挪用和任意调拨；不经批准，不得改变工会所属企业、事业单位的隶属关系和产权关系。

工会组织合并，其经费资产归合并后的工会所有；工会组织撤销或者解散，其经费资产由上级工会处置。

第八章 会 徽

第四十二条 中国工会会徽，选用汉字"中"、"工"两字，经艺术造型呈圆形重叠组成，并在两字外加一圆线，象征中国工会和中国工人阶级的团结统一。会徽的制作标准，由中华全国总工会规定。

第四十三条 中国工会会徽，可在工会办公地点、活动场所、会议会场悬挂，可作为纪念品、办公用品上的工会标志，也可以作为徽章佩戴。

第九章 附 则

第四十四条 本章程解释权属于中华全国总工会。

企业民主管理规定

(总工发〔2012〕12号 2012年2月13日)

第一章 总 则

第一条 为完善以职工代表大会为基本形式的企业民主管理制度，推进厂务公开，支持职工参与企业管理，维护职工合法权益，构建和谐劳动关系，促进企业持续健康发展，加强基层民主政治建设，依据宪法和相关法律制定本规定。

第二条 企业民主管理工作应当坚持党的领导，以邓小平理论和"三个代表"重要思想为指导，深入贯彻落实科学发展观，坚定不移地贯彻落实党的全心全意依靠工人阶级的根本指导方针。

企业党组织应当加强对民主管理工作的领导和支持。

第三条 职工代表大会（或职工大会，下同）是职工行使民主管理权力的机构，是企业民主管理的基本形式。

企业应当按照合法、有序、公开、公正的原则，建立以职工代表大会为基本形式的民主管理制度，实行厂务公开，推行民主管理。公司制企业（以下简称公司）应当依法建立职工董事、职工监事制度。

企业应当尊重和保障职工依法享有的知情权、参与权、表达权和监督权等民主权利,支持职工参加企业管理活动。

第四条 企业职工应当尊重和支持企业依法行使管理职权,积极参与企业管理。

第五条 企业工会应当组织职工依法开展企业民主管理,维护职工合法权益。

上级工会应当指导和帮助企业工会和职工依法开展企业民主管理活动,对企业实行民主管理的情况进行监督。

第六条 企业代表组织应当推动企业实行民主管理,促进企业健康发展。

第七条 各级党委纪检部门、组织部门,各级人民政府国有资产监督管理机构和监察机关等有关部门应当依照各自职责,对企业民主管理工作进行指导、检查和监督。

第二章 职工代表大会制度

第一节 职工代表大会组织制度和职权

第八条 企业可以根据职工人数确定召开职工代表大会或者职工大会。

企业召开职工代表大会的,职工代表人数按照不少于全体职工人数的百分之五确定,最少不少于三十人。职工代表人数超过一百人的,超出的代表人数可以由企业与工会协商确定。

第九条 职工代表大会的代表由工人、技术人员、管理人员、企业领导人员和其他方面的职工组成。其中,企业中层以上管理人员和领导人员一般不得超过职工代表总人数的百分之二十。有女职工和劳务派遣职工的企业,职工代表中应当有适当比例的女职工和劳务派遣职工代表。

第十条 职工代表大会每届任期为三年至五年。具体任期由职工代表大会根据本单位的实际情况确定。

职工代表大会因故需要提前或者延期换届的，应当由职工代表大会或者其授权的机构决定。

第十一条 职工代表大会根据需要，可以设立若干专门委员会（小组），负责办理职工代表大会交办的事项。专门委员会（小组）成员人选必须经职工代表大会审议通过。

第十二条 职工代表按照基层选举单位组成代表团（组），并推选团（组）长。可以设立职工代表大会团（组）长和专门委员会（小组）负责人联席会议，根据职工代表大会授权，在职工代表大会闭会期间负责处理临时需要解决的重要问题，并提请下一次职工代表大会确认。

联席会议由企业工会负责召集，联席会议可以根据会议内容邀请企业领导人员或其他有关人员参加。

第十三条 职工代表大会行使下列职权：

（一）听取企业主要负责人关于企业发展规划、年度生产经营管理情况，企业改革和制定重要规章制度情况，企业用工、劳动合同和集体合同签订履行情况，企业安全生产情况，企业缴纳社会保险费和住房公积金情况等报告，提出意见和建议；审议企业制定、修改或者决定的有关劳动报酬、工作时间、休息休假、劳动安全卫生、保险福利、职工培训、劳动纪律以及劳动定额管理等直接涉及劳动者切身利益的规章制度或者重大事项方案，提出意见和建议；

（二）审议通过集体合同草案，按照国家有关规定提取的职工福利基金使用方案、住房公积金和社会保险费缴纳比例和时间的调整方案，劳动模范的推荐人选等重大事项；

（三）选举或者罢免职工董事、职工监事，选举依法进入破产程序企业的债权人会议和债权人委员会中的职工代表，根据授权推荐或者选举企业经营管理人员；

（四）审查监督企业执行劳动法律法规和劳动规章制度情况，民主评议企业领导人员，并提出奖惩建议；

（五）法律法规规定的其他职权。

第十四条 国有企业和国有控股企业职工代表大会除按第十三条规定行使职权外，行使下列职权：

（一）听取和审议企业经营管理主要负责人关于企业投资和重大技术改造、财务预决算、企业业务招待费使用等情况的报告，专业技术职称的评聘、企业公积金的使用、企业的改制等方案，并提出意见和建议；

（二）审议通过企业合并、分立、改制、解散、破产实施方案中职工的裁减、分流和安置方案；

（三）依照法律、行政法规、行政规章规定的其他职权。

第十五条 县级以下一定区域内或者性质相近的行业内的若干尚不具备单独建立职工代表大会制度条件的中小企业，可以通过选举代表联合建立区域（行业）职工代表大会制度，开展企业民主管理活动。

工会负责组织建立区域（行业）职工代表大会制度，区域（行业）工会作为区域（行业）职工代表大会的工作机构承担日常工作。

第十六条　集团企业的总部机关和各分公司、分厂、车间以及其他分支机构可以按照一定比例选举产生职工代表，召开集团企业职工代表大会，实行企业民主管理。

集团企业的总部机关和各分公司、分厂、车间以及其他分支机构，按照本规定建立职工代表大会制度，在各自的职权范围内分别开展民主管理活动。

第二节　职工代表大会工作制度

第十七条　职工代表大会每年至少召开一次。职工代表大会全体会议必须有三分之二以上的职工代表出席。

第十八条　职工代表大会议题和议案应当由企业工会听取职工意见后与企业协商确定，并在会议召开七日前以书面形式送达职工代表。

第十九条　职工代表大会可以设主席团主持会议。主席团成员由企业工会与职工代表大会各团（组）协商提出候选人名单，经职工代表大会预备会议表决通过。其中，工人、技术人员、管理人员不少于百分之五十。

第二十条　职工代表大会选举和表决相关事项，必须按照少数服从多数的原则，经全体职工代表的过半数通过。对重要事项的表决，应当采用无记名投票的方式分项表决。

第二十一条　职工代表大会在其职权范围内依法审议通过的决议和事项具有约束力，非经职工代表大会同意不得变更或撤销。

企业应当提请职工代表大会审议、通过、决定的事项，未按照法定程序审议、通过或者决定的无效。

第二十二条 企业工会委员会是职工代表大会的工作机构，负责职工代表大会的日常工作，履行下列职责：

（一）提出职工代表大会代表选举方案，组织职工选举职工代表和代表团（组）长；

（二）征集职工代表提案，提出职工代表大会议题的建议；

（三）负责职工代表大会会议的筹备和组织工作，提出职工代表大会的议程建议；

（四）提出职工代表大会主席团组成方案和组成人员建议名单；提出专门委员会（小组）的设立方案和组成人员建议名单；

（五）向职工代表大会报告职工代表大会决议的执行情况和职工代表大会提案的办理情况、厂务公开的实行情况等；

（六）在职工代表大会闭会期间，负责组织专门委员会（小组）和职工代表就企业职工代表大会决议的执行情况和职工代表大会提案的办理情况、厂务公开的实行情况等，开展巡视、检查、质询等监督活动；

（七）受理职工代表的申诉和建议，维护职工代表的合法权益；

（八）向职工进行民主管理的宣传教育，组织职工代表开展学习和培训，提高职工代表素质；

（九）建立和管理职工代表大会工作档案。

第三节 职工代表的产生和权利义务

第二十三条 与企业签订劳动合同建立劳动关系以及与企业存在事实劳动关系的职工,有选举和被选举为职工代表大会代表的权利。

依法终止或者解除劳动关系的职工代表,其代表资格自行终止。

第二十四条 职工代表应当以班组、工段、车间、科室等为基本选举单位由职工直接选举产生。规模较大、管理层次较多的企业的职工代表,可以由下一级职工代表大会代表选举产生。

第二十五条 选举、罢免职工代表,应当召开选举单位全体职工会议,会议应有三分之二以上职工参加。选举、罢免职工代表的决定,应经全体职工的过半数通过方为有效。

第二十六条 职工代表实行常任制,职工代表任期与职工代表大会届期一致,可以连选连任。

职工代表出现缺额时,原选举单位应按规定的条件和程序及时补选。

第二十七条 职工代表向选举单位的职工负责并报告工作,接受选举单位职工的监督。

第二十八条 职工代表享有下列权利:

(一)选举权、被选举权和表决权;

(二)参加职工代表大会及其工作机构组织的民主管理活动;

（三）对企业领导人员进行评议和质询；

（四）在职工代表大会闭会期间对企业执行职工代表大会决议情况进行监督、检查。

第二十九条 职工代表应当履行下列义务：

（一）遵守法律法规、企业规章制度，提高自身素质，积极参与企业民主管理；

（二）依法履行职工代表职责，听取职工对企业生产经营管理等方面的意见和建议，以及涉及职工切身利益问题的意见和要求，并客观真实地向企业反映；

（三）参加企业职工代表大会组织的各项活动，执行职工代表大会通过的决议，完成职工代表大会交办的工作；

（四）向选举单位的职工报告参加职工代表大会活动和履行职责情况，接受职工的评议和监督；

（五）保守企业的商业秘密和与知识产权相关的保密事项。

第三十条 职工代表履行职责受法律保护，任何组织和个人不得阻挠和打击报复。

职工代表在法定工作时间内依法参加职工代表大会及其组织的各项活动，企业应当正常支付劳动报酬，不得降低其工资和其他福利待遇。

第三章　厂务公开制度

第三十一条 企业应当建立和实行厂务公开制度，通过职工代表大会和其他形式，将企业生产经营管理的重大事项、涉及职工切身利益的规章制度和经营管理人员廉洁从业相关情况，按照一定程序向职工公开，听取职工意见，接受职工监督。

第三十二条　企业主要负责人是实行厂务公开的责任人。企业应当建立相应机构或者确定专人负责厂务公开工作。

第三十三条　企业实行厂务公开应当遵循合法、及时、真实、有利于职工权益维护和企业发展的原则。

实行厂务公开应当保守企业商业秘密以及与知识产权相关的保密事项。

第三十四条　企业应当向职工公开下列事项：

（一）经营管理的基本情况；

（二）招用职工及签订劳动合同的情况；

（三）集体合同文本和劳动规章制度的内容；

（四）奖励处罚职工、单方解除劳动合同的情况以及裁员的方案和结果，评选劳动模范和优秀职工的条件、名额和结果；

（五）劳动安全卫生标准、安全事故发生情况及处理结果；

（六）社会保险以及企业年金的缴费情况；

（七）职工教育经费提取、使用和职工培训计划及执行的情况；

（八）劳动争议及处理结果情况；

（九）法律法规规定的其他事项。

第三十五条　国有企业、集体企业及其控股企业除公开第十三条、第十四条和第三十四条规定的相关事项外，还应当公开下列事项：

（一）投资和生产经营管理重大决策方案等重大事项，企业中长期发展规划；

（二）年度生产经营目标及完成情况，企业担保，大额资金使用、大额资产处置情况，工程建设项目的招投标，大宗物资采购供应，产品销售和盈亏情况，承包租赁合同履行情况，内部经济责任制落实情况，重要规章制度制定等重大事项；

（三）职工提薪晋级、工资奖金收入分配情况；专业技术职称的评聘情况；

（四）中层领导人员、重要岗位人员的选聘和任用情况，企业领导人员薪酬、职务消费和兼职情况，以及出国出境费用支出等廉洁自律规定执行情况，职工代表大会民主评议企业领导人员的结果；

（五）依照国家有关规定应当公开的其他事项。

第四章　职工董事和职工监事制度

第三十六条　公司制企业应当依法建立职工董事和职工监事制度，支持职工代表大会选举产生的职工代表作为董事会、监事会成员参与公司决策、管理和监督，代表和维护职工合法权益，促进企业健康发展。

第三十七条　公司应当依法在公司章程中明确规定职工董事、职工监事的具体比例和人数。

第三十八条　职工董事、职工监事候选人由公司工会根据自荐、推荐情况，在充分听取职工意见的基础上提名，经职工代表大会全体代表的过半数通过方可当选,并报上一级工会组织备案。

工会主席、副主席应当作为职工董事、职工监事候选人人选。

第三十九条 公司高级管理人员和监事不得兼任职工董事;公司高级管理人员和董事不得兼任职工监事。

第四十条 职工董事、职工监事的任期与公司其他董事、监事的任期相同,可以连选连任。

第四十一条 职工董事、职工监事不履行职责或者有严重过错的,经三分之一以上的职工代表联名提议,职工代表大会全体代表的过半数通过可以罢免。

职工董事、职工监事出现空缺时,由公司工会依照本规定第三十七条的规定提出替补人选,提请职工代表大会民主选举产生。

第四十二条 职工董事依法行使下列权利:

(一)参加董事会会议,行使董事的发言权和表决权;

(二)就涉及职工切身利益的规章制度或者重大事项,提请召开董事会会议,反映职工的合理要求,维护职工合法权益;

(三)列席与其职责相关的公司行政办公会议和有关生产经营工作的重要会议;

(四)要求公司工会、公司有关部门和机构通报有关情况并提供相关资料;

(五)法律法规和公司章程规定的其他权利。

第四十三条 职工监事依法行使下列权利:

（一）参加监事会会议，行使监事的发言权和表决权；

（二）就涉及职工切身利益的规章制度或者重大事项，提议召开监事会会议；

（三）监督公司的财务情况和公司董事、高级管理人员执行公司职务的行为；监督检查公司对涉及职工切身利益的法律法规、公司规章制度贯彻执行情况；劳动合同和集体合同的履行情况；

（四）列席董事会会议，并对董事会决议事项提出质询或者建议；列席与其职责相关的公司行政办公会议和有关生产经营工作的重要会议；

（五）要求公司工会、公司有关部门和机构通报有关情况并提供相关资料；

（六）法律法规和公司章程规定的其他权利。

第四十四条 职工董事、职工监事应当履行下列义务：

（一）遵守法律法规，遵守公司章程及各项规章制度，保守公司秘密，认真履行职责；

（二）定期听取职工的意见和建议，在董事会、监事会上真实、准确、全面地反映职工的意见和建议；

（三）定期向职工代表大会述职和报告工作，执行职工代表大会的有关决议，在董事会、监事会会议上，对职工代表大会作出决议的事项，应当按照职工代表大会的相关决议发表意见，行使表决权；

（四）法律法规和公司章程规定的其他义务。

第四十五条 公司应当保障职工董事、职工监事依照法律法规和公司章程开展工作，为职工董事、职工监事履行职责提供必要的工作条件。

第四十六条 职工董事、职工监事在任职期间,除法定情形外,公司不得与其解除劳动合同。

第四十七条 职工董事、职工监事与公司的其他董事、监事享有同等的权利,承担相应的义务。

第五章 附 则

第四十八条 各地区、各有关部门和各企业根据本规定制定实施办法,推进企业民主管理工作。

第四十九条 集体企业依照《城镇集体所有制企业条例》等有关法律法规规定实行民主管理。

第五十条 本规定自发布之日起施行。

工会基层组织选举工作条例

(总工发〔2016〕27号 2016年10月9日)

第一章 总 则

第一条 为规范工会基层组织选举工作,加强基层工会建设,发挥基层工会作用,根据《中华人民共和国工会法》《中国工会章程》等有关规定,制定本条例。

第二条 本条例适用于企业、事业单位、机关和其他社会组织单独或联合建立的基层工会委员会。

第三条 基层工会委员会由会员大会或会员代表大会选举产生。工会委员会的主席、副主席,可以由会员大会或会员代表大会直接选举产生,也可以由工会委员会选举产生。

第四条 工会会员享有选举权、被选举权和表决权。保留会籍的人员除外。

第五条 选举工作应坚持党的领导,坚持民主集中制,遵循依法规范、公开公正的原则,尊重和保障会员的民主权利,体现选举人的意志。

第六条 选举工作在同级党组织和上一级工会领导下进行。未建立党组织的在上一级工会领导下进行。

第七条 基层工会委员会换届选举的筹备工作由上届

工会委员会负责。

新建立的基层工会组织选举筹备工作由工会筹备组负责。筹备组成员由同级党组织代表和职工代表组成，根据工作需要，上级工会可以派人参加。

第二章 委员和常务委员名额

第八条 基层工会委员会委员名额，按会员人数确定：

不足25人，设委员3至5人，也可以设主席或组织员1人；

25人至200人，设委员3至7人；

201人至1000人，设委员7至15人；

1001人至5000人，设委员15至21人；

5001人至10000人，设委员21至29人；

10001人至50000人，设委员29至37人；

50001人以上，设委员37至45人。

第九条 大型企事业单位基层工会委员会，经上一级工会批准，可以设常务委员会，常务委员会由9至11人组成。

第三章 候选人的提出

第十条 基层工会委员会的委员、常务委员会委员和主席、副主席的选举均应设候选人。候选人应信念坚定、为民服务、勤政务实、敢于担当、清正廉洁，热爱工会工作，受到职工信赖。

基层工会委员会委员候选人中应有适当比例的劳模

(先进工作者)、一线职工和女职工代表。

第十一条 单位行政主要负责人、法定代表人、合伙人以及他们的近亲属不得作为本单位工会委员会委员、常务委员会委员和主席、副主席候选人。

第十二条 基层工会委员会的委员候选人,应经会员充分酝酿讨论,一般以工会分会或工会小组为单位推荐。由上届工会委员会或工会筹备组根据多数工会分会或工会小组的意见,提出候选人建议名单,报经同级党组织和上一级工会审查同意后,提交会员大会或会员代表大会表决通过。

第十三条 基层工会委员会的常务委员会委员、主席、副主席候选人,可以由上届工会委员会或工会筹备组根据多数工会分会或工会小组的意见提出建议名单,报经同级党组织上一级工会审查同意后提出;也可以由同级党组织与上一级工会协商提出建议名单,经工会分会或工会小组酝酿讨论后,由上届工会委员会或工会筹备组根据多数工会分会或工会小组的意见,报经同级党组织和上一级工会审查同意后提出。

根据工作需要,经上一级工会与基层工会和同级党组织协商同意与上一级工会可以向基层工会推荐本单位以外人员作为工会主席、副主席候选人。

第十四条 基层工会委员会的主席、副主席,在任职一年内应按规定参加岗位任职资格培训。凡无正当理由未按规定参加岗位任职资格培训的,一般不再提名为下届主席、副主席候选人。

第四章 选举的实施

第十五条 基层工会组织实施选举前应向同级党组织和上一级工会报告,制定选举工作方案和选举办法。

基层工会委员会委员候选人建议名单应进行公示,公示期不少于5个工作日。

第十六条 会员不足100人的基层工会组织,应召开会员大会进行选举;会员100人以上的基层工会组织,应召开会员大会或会员代表大会进行选举。

召开会员代表大会进行选举的,按照有关规定由会员民主选举产生会员代表。

第十七条 参加选举的人数为应到会人数的三分之二以上时,方可进行选举。

基层工会委员会委员和常务委员会委员应差额选举产生,可以直接采用候选人数多于应选人数的差额选举办法进行正式选举,也可以先采用差额选举办法进行预选产生候选人名单,然后进行正式选举。委员会委员和常务委员会委员的差额率分别不低于5%和10%。常务委员会委员应从新当选的工会委员会委员中产生。

第十八条 基层工会主席、副主席可以等额选举产生,也可以差额选举产生。主席、副主席应从新当选的工会委员会委员中产生,设立常务委员会的应从新当选的常务委员会委员中产生。

第十九条 基层工会主席、副主席由会员大会或会员代表大会直接选举产生的,一般在经营管理正常、劳动关系和谐、职工队伍稳定的中小企事业单位进行。

第二十条 召开会员大会进行选举时，由上届工会委员会或工会筹备组主持；不设委员会的基层工会组织进行选举时，由上届工会主席或组织员主持。

召开会员代表大会进行选举时，可以由大会主席团主持，也可以由上届工会委员会或工会筹备组主持。大会主席团成员由上届工会委员会或工会筹备组根据各代表团（组）的意见，提出建议名单，提交代表大会预备会议表决通过。

召开基层工会委员会第一次全体会议选举常务委员会委员、主席、副主席时，由上届工会委员会或工会筹备组或大会主席团推荐一名新当选的工会委员会委员主持。

第二十一条 选举前，上届工会委员会或工会筹备组或大会主席团应将候选人的名单、简历及有关情况向选举人介绍。

第二十二条 选举设监票人，负责对选举全过程进行监督。

召开会员大会或会员代表大会选举时，监票人由全体会员或会员代表、各代表团（组）从不是候选人的会员或会员代表中推选，经会员大会或会员代表大会表决通过。

召开工会委员会第一次全体会议选举时，监票人从不是常务委员会委员、主席、副主席候选人的委员中推选，经全体委员会议表决通过。

第二十三条 选举采用无记名投票方式。不能出席会议的选举人，不得委托他人代为投票。

选票上候选人的名单按姓氏笔画为序排列。

第二十四条 选举人可以投赞成票或不赞成票，也可以投弃权票。投不赞成票者可以另选他人。

第二十五条 会员或会员代表在选举期间，如不能离开生产、工作岗位，在监票人的监督下，可以在选举单位设立的流动票箱投票。

第二十六条 投票结束后，在监票人的监督下，当场清点选票，进行计票。

选举收回的选票，等于或少于发出选票的，选举有效；多于发出选票的，选举无效，应重新选举。

每张选票所选人数等于或少于规定应选人数的为有效票，多于规定应选人数的为无效票。

第二十七条 被选举人获得应到会人数的过半数赞成票时，始得当选。

获得过半数赞成票的被选举人人数超过应选名额时，得赞成票多的当选。如遇赞成票数相等不能确定当选人时，应就票数相等的被选举人再次投票，得赞成票多的当选。

当选人数少于应选名额时，对不足的名额可以另行选举。如果接近应选名额且符合第八条规定，也可以由大会征得多数会员或会员代表的同意减少名额，不再进行选举。

第二十八条 大会主持人应当场宣布选举结果及选举是否有效。

第二十九条 基层工会委员会、常务委员会和主席、副主席的选举结果，报上一级工会批准。上一级工会自接到报告15日内应予批复。违反规定程序选举的，上一级工会不得批准，应重新选举。

基层工会委员会的任期自选举之日起计算。

第五章 任期、调动、罢免和补选

第三十条 基层工会委员会每届任期三年或五年，具体任期由会员大会或会员代表大会决定。经选举产生的工会委员会委员、常务委员会委员和主席、副主席可连选连任。基层工会委员会任期届满，应按期换届选举。遇有特殊情况，经上一级工会批准，可以提前或延期换届，延期时间一般不超过半年。

上一级工会负责督促指导基层工会组织按期换届。

第三十一条 基层工会主席、副主席任期未满时，不得随意调动其工作。因工作需要调动时，应征得本级工会委员会和上一级工会的同意。

第三十二条 经会员大会或会员代表大会民主测评和上级工会与同级党组织考察，需撤换或罢免工会委员会委员、常务委员会委员和主席、副主席时，须依法召开会员大会或会员代表大会讨论，非经会员大会全体会员或会员代表大会全体代表无记名投票过半数通过，不得撤换或罢免。

第三十三条 基层工会主席因工作调动或其他原因空缺时，应及时按照相应民主程序进行补选。

补选主席，如候选人是委员的，可以由工会委员会选举产生，也可以由会员大会或会员代表大会选举产生；如候选人不是委员的，可以经会员大会或会员代表大会补选为委员后,由工会委员会选举产生,也可以由会员大会或会员代表大会选举产生。

补选主席的任期为本届工会委员会尚未履行的期限。补选主席前征得同级党组织和上一级工会的同意,可暂由一名副主席或委员主持工作,期限一般不超过半年。

第六章 经费审查委员会

第三十四条 凡建立一级工会财务管理的基层工会组织,应在选举基层工会委员会的同时,选举产生经费审查委员会。

第三十五条 基层工会经费审查委员会委员名额一般3至11人。经费审查委员会设主任1人,可根据工作需要设副主任1人。

基层工会的主席、分管财务和资产的副主席、财务和资产管理部门的人员,不得担任同级工会经费审查委员会委员。

第三十六条 基层工会经费审查委员会由会员大会或会员代表大会选举产生。主任、副主任可以由经费审查委员会全体会议选举产生,也可以由会员大会或会员代表大会选举产生。

第三十七条 基层工会经费审查委员会的选举结果,与基层工会委员会选举结果同时报上一级工会批准。

基层工会经费审查委员会的任期与基层工会委员会相同。

第七章　女职工委员会

第三十八条　基层工会组织有女会员 10 人以上的建立女职工委员会，不足 10 人的设女职工委员。女职工委员会与基层工会委员会同时建立。

第三十九条　基层工会女职工委员会委员由同级工会委员会提名，在充分协商的基础上产生，也可召开女职工大会或女职工代表大会选举产生。

第四十条　基层工会女职工委员会主任由同级工会女主席或女副主席担任，也可经民主协商，按照相应条件配备女职工委员会主任。女职工委员会主任应提名为同级工会委员会或常务委员会委员候选人。基层工会女职工委员会主任、副主任名单，与工会委员会选举结果同时报上一级工会批准。

第八章　附　　则

第四十一条　乡镇（街道）、开发区（工业园区）、村（社区）建立的工会委员会，县级以下建立的区域（行业）工会联合会如进行选举的，参照本条例执行。

第四十二条　本条例由中华全国总工会负责解释。

第四十三条　本条例自发布之日起施行，以往有关规定与本条例不一致的，以本条例为准。1992 年 5 月 18 日全国总工会办公厅印发的《工会基层组织选举工作暂行条例》同时废止。

基层工会会员代表大会条例

(总工发〔2019〕6号 2019年1月15日)

第一章 总 则

第一条 为完善基层工会会员代表大会制度，推进基层工会民主化、规范化、法治化建设，增强基层工会政治性、先进性、群众性，激发基层工会活力，发挥基层工会作用，根据《中华人民共和国工会法》《中国工会章程》等有关规定，制定本条例。

第二条 本条例适用于企业、事业单位、机关、社会团体和其他社会组织单独或联合建立的基层工会组织。

乡镇（街道）、开发区（工业园区）、村（社区）建立的工会委员会，县级以下建立的区域（行业）工会联合会，如召开会员代表大会的，依照本条例执行。

第三条 会员不足100人的基层工会组织，应召开会员大会；会员100人以上的基层工会组织，应召开会员大会或会员代表大会。

第四条 会员代表大会是基层工会的最高领导机构，讨论决定基层工会重大事项，选举基层工会领导机构，并对其进行监督。

第五条 会员代表大会实行届期制，每届任期三年或五年，具体任期由会员代表大会决定。会员代表大会任期届满，应按期换届。遇有特殊情况，经上一级工会批准，可以提前或延期换届，延期时间一般不超过半年。

会员代表大会每年至少召开一次，经基层工会委员会、三分之一以上的会员或三分之一以上的会员代表提议，可以临时召开会员代表大会。

第六条 会员代表大会应坚持党的领导，坚持民主集中制，坚持依法规范，坚持公开公正，切实保障会员的知情权、参与权、选举权、监督权。

第七条 基层工会召开会员代表大会应向同级党组织和上一级工会报告。换届选举、补选、罢免基层工会委员会组成人员的，应向同级党组织和上一级工会书面报告。

上一级工会对下一级工会召开会员代表大会进行指导和监督。

第二章 会员代表大会的组成和职权

第八条 会员代表的组成应以一线职工为主，体现广泛性和代表性。中层正职以上管理人员和领导人员一般不得超过会员代表总数的20%。女职工、青年职工、劳动模范（先进工作者）等会员代表应占一定比例。

第九条 会员代表名额，按会员人数确定：

会员100至200人的，设代表30至40人；

会员201至1000人的，设代表40至60人；

会员1001至5000人的，设代表60至90人；

会员5001至10000人的，设代表90至130人；

会员 10001 至 50000 人的，设代表 130 至 180 人；

会员 50001 人以上的，设代表 180 至 240 人。

第十条 会员代表的选举和会议筹备工作由基层工会委员会负责，新成立基层工会的由工会筹备组负责。

第十一条 会员代表大会根据需要，可以设立专门工作委员会（小组），负责办理会员代表大会交办的具体事项。

第十二条 会员代表大会的职权是：

（一）审议和批准基层工会委员会的工作报告；

（二）审议和批准基层工会委员会经费收支预算决算情况报告、经费审查委员会工作报告；

（三）开展会员评家，评议基层工会开展工作、建设职工之家情况，评议基层工会主席、副主席履行职责情况；

（四）选举和补选基层工会委员会和经费审查委员会组成人员；

（五）选举和补选出席上一级工会代表大会的代表；

（六）罢免其所选举的代表、基层工会委员会组成人员；

（七）讨论决定基层工会其他重大事项。

第三章　会员代表

第十三条 会员代表应由会员民主选举产生，不得指定会员代表。劳务派遣工会员民主权利的行使，如用人单位工会与用工单位工会有约定的，依照约定执行；如没有约定或约定不明确的，在劳务派遣工会员会籍所在工会行使。

第十四条 会员代表应具备以下条件：

（一）工会会员，遵守工会章程，按期缴纳会费；

（二）拥护党的领导，有较强的政治觉悟；

（三）在生产、工作中起骨干作用，有议事能力；

（四）热爱工会工作，密切联系职工群众，热心为职工群众说话办事；

（五）在职工群众中有一定的威信，受到职工群众信赖。

第十五条 会员代表的选举，一般以下一级工会或工会小组为选举单位进行，两个以上会员人数较少的下一级工会或工会小组可作为一个选举单位。

会员代表由选举单位会员大会选举产生。规模较大、管理层级较多的单位，会员代表可由下一级会员代表大会选举产生。

第十六条 选举单位按照基层工会确定的代表候选人名额和条件，组织会员讨论提出会员代表候选人，召开有三分之二以上会员或会员代表参加的大会，采取无记名投票方式差额选举产生会员代表，差额率不低于15%。

第十七条 会员代表候选人，获得选举单位全体会员过半数赞成票时，方能当选；由下一级会员代表大会选举时，其代表候选人获得应到会代表人数过半数赞成票时，方能当选。

第十八条 会员代表选出后，应由基层工会委员会或工会筹备组，对会员代表人数及人员结构进行审核，并对会员代表进行资格审查。

符合条件的会员代表人数少于原定代表人数的,可以把剩余的名额再分配,进行补选,也可以在符合规定人数情况下减少代表名额。

第十九条　会员代表实行常任制,任期与会员代表大会届期一致,会员代表可以连选连任。

第二十条　会员代表的职责是:

(一)带头执行党的路线、方针、政策,自觉遵守国家法律法规和本单位的规章制度,努力完成生产、工作任务;

(二)在广泛听取会员意见和建议的基础上,向会员代表大会提出提案;

(三)参加会员代表大会,听取基层工会委员会和经费审查委员会的工作报告,讨论和审议代表大会的各项议题,提出审议意见和建议;

(四)对基层工会委员会及代表大会各专门委员会(小组)的工作进行评议,提出批评、建议;对基层工会主席、副主席进行民主评议和民主测评,提出奖惩和任免建议;

(五)保持与选举单位会员群众的密切联系,热心为会员说话办事,积极为做好工会各项工作献计献策;

(六)积极宣传贯彻会员代表大会的决议精神,对工会委员会落实会员代表大会决议情况进行监督检查,团结和带动会员群众完成会员代表大会提出的各项任务。

第二十一条　选举单位可单独或联合组成代表团(组),推选团(组)长。团(组)长根据会员代表大会议程,组织会员代表参加大会各项活动;在会员代表大会闭会期间,按照基层工会的安排,组织会员代表开展日常工作。

第二十二条 基层工会讨论决定重要事项,可事先召开代表团(组)长会议征求意见,也可根据需要,邀请代表团(组)长列席会议。

第二十三条 基层工会应建立会员代表调研、督查等工作制度,充分发挥会员代表作用。

第二十四条 会员代表在法定工作时间内依法参加会员代表大会及工会组织的各项活动,单位应当正常支付劳动报酬,不得降低其工资和其他福利待遇。

第二十五条 有下列情形之一的,会员代表身份自然终止:

(一)在任期内工作岗位跨选举单位变动的;

(二)与用人单位解除、终止劳动(工作)关系的;

(三)停薪留职、长期病事假、内退、外派超过一年,不能履行会员代表职责的。

第二十六条 会员代表对选举单位会员负责,接受选举单位会员的监督。

第二十七条 会员代表有下列情形之一的,可以罢免:

(一)不履行会员代表职责的;

(二)严重违反劳动纪律或单位规章制度,对单位利益造成严重损害的;

(三)被依法追究刑事责任的;

(四)其他需要罢免的情形。

第二十八条 选举单位工会或三分之一以上会员或会员代表有权提出罢免会员代表。

会员或会员代表联名提出罢免的,选举单位工会应及时召开会员代表大会进行表决。

第二十九条 罢免会员代表,应经过选举单位全体会员过半数通过;由会员代表大会选举产生的代表,应经过会员代表大会应到会代表的过半数通过。

第三十条 会员代表出现缺额,原选举单位应及时补选。缺额超过会员代表总数四分之一时,应在三个月内进行补选。补选会员代表应依照选举会员代表的程序,进行差额选举,差额率应按照第十六条规定执行。补选的会员代表应报基层工会委员会进行资格审查。

第四章 会员代表大会的召开

第三十一条 每届会员代表大会第一次会议召开前,应将会员代表大会的组织机构、会员代表的构成、会员代表大会主要议程等重要事项,向同级党组织和上一级工会书面报告。上一级工会接到报告后应于15日内批复。

第三十二条 每届会员代表大会第一次会议召开前,基层工会委员会或工会筹备组应对会员代表进行专门培训,培训内容应包括工会基本知识、会员代表大会的性质和职能、会员代表的权利和义务、大会选举办法等。

第三十三条 会员代表全部选举产生后,应在一个月内召开本届会员代表大会第一次会议。

第三十四条 会员代表大会召开前,会员代表应充分听取会员意见建议,积极提出与会员切身利益和工会工作密切相关的提案,经基层工会委员会或工会筹备组审查后,决定是否列入大会议程。

第三十五条 召开会员代表大会，应提前5个工作日将会议日期、议程和提交会议讨论的事项通知会员代表。

第三十六条 每届会员代表大会第一次会议召开前，可举行预备会议，听取会议筹备情况的报告，审议通过关于会员代表资格审查情况的报告，讨论通过选举办法，通过大会议程和其他有关事项。

第三十七条 召开会员代表大会时，未当选会员代表的经费审查委员会委员、女职工委员会委员应列席会议，也可以邀请有关方面的负责人或代表列席会议。

可以邀请获得荣誉称号的人员、曾经作出突出贡献的人员作为特邀代表参加会议。

列席人员和特邀代表仅限本次会议，可以参加分组讨论，不承担具体工作，不享有选举权、表决权。

第三十八条 基层工会委员会、经费审查委员会及女职工委员会的选举工作，依照《工会基层组织选举工作条例》规定执行。

第三十九条 会员代表大会应每年对基层工会开展工作、建设职工之家和工会主席、副主席履行职责等情况进行民主评议，在民主评议的基础上，以无记名投票方式进行测评，测评分为满意、基本满意、不满意三个等次。测评结果应及时公开，并书面报告同级党组织和上一级工会。

基层工会主席、副主席测评办法应由会员代表大会表决通过，并报上一级工会备案。

第四十条 基层工会主席、副主席，具有下列情形之一的，可以罢免：

（一）连续两年测评等次为不满意的；

（二）任职期间个人有严重过失的；

（三）被依法追究刑事责任的；

（四）其他需要罢免的情形。

基层工会委员会委员具有上述（二）（三）（四）项情形的，可以罢免。

第四十一条 本届工会委员会、三分之一以上的会员或会员代表可以提议罢免主席、副主席和委员。

罢免主席、副主席和委员的，应经同级党组织和上一级工会进行考察，未建立党组织的，由上一级工会考察。经考察，如确认其不能再担任现任职务时，应依法召开会员代表大会进行无记名投票表决，应参会人员过半数通过的，罢免有效，并报上一级工会批准。

第四十二条 规模较大、人数众多、工作地点分散、工作时间不一致，会员代表难以集中的基层工会，可以通过电视电话会议、网络视频会议等方式召开会员代表大会。不涉及无记名投票的事项，可以通过网络进行表决，如进行无记名投票的，可在分会场设立票箱，在规定时间内统一投票、统一计票。

第四十三条 会员代表大会与职工代表大会应分别召开，不得互相代替。如在同一时间段召开的，应分别设置会标、分别设定会议议程、分别行使职权、分别作出决议、分别建立档案。

第四十四条 会员代表大会通过的决议、重要事项和选举结果等应当形成书面文件，并及时向会员公开。

第五章　附　则

第四十五条　除会员代表的特别规定外，召开会员大会依照本条例相关规定执行。

第四十六条　本条例由中华全国总工会负责解释。

第四十七条　本条例自发布之日起施行，以往有关规定与本条例不一致的，以本条例为准。1992年4月14日中华全国总工会办公厅印发的《关于基层工会会员代表大会代表实行常任制的若干暂行规定》同时废止。

图书在版编目（CIP）数据

职代会、工代会操作流程图示与范例 / 职代会、工代会操作流程图示与范例（第2版）编写组编. —2版. —北京：中国工人出版社，2020.10

（工会工作实务操作流程丛书）

ISBN 978-7-5008-7501-7

Ⅰ.①职… Ⅱ.①职… Ⅲ.①职工代表大会-工作-流程-中国-图解②工会会员-代表会议-工作-流程-中国-图解 Ⅳ.①D412.2-64

中国版本图书馆CIP数据核字（2020）第203236号

职代会、工代会操作流程图示与范例（第2版）

出 版 人	王娇萍
责任编辑	赵晨羽　王　璇
责任印制	栾征宇
出版发行	中国工人出版社
地　　址	北京市东城区鼓楼外大街45号　邮编：100120
网　　址	http://www.wp-china.com
电　　话	（010）62005043（总编室）
	（010）62005039（印制管理中心）
	（010）82075935（工会与劳动关系分社）
发行热线	（010）62005996　82029051
经　　销	各地书店
印　　刷	北京市密东印刷有限公司
开　　本	880毫米×1230毫米　1/32
印　　张	8.875
字　　数	180千字
版　　次	2021年2月第2版　2025年10月第10次印刷
定　　价	40.00元

本书如有破损、缺页、装订错误，请与本社印制管理中心联系更换

版权所有　侵权必究